AI와 비즈니스 프레임워크 혁신

인공지능총서

인공지능 시대입니다. 기계가 인간의 인지를 대신하고, 사물이 인간을 통하지 않고 다른 사물과 직접 커뮤니케이션합니다. 이에 따른 인간 삶과 문명 변화를 정확히 이해·예측·대응하는 것은 이 시대 우리 모두의 과제입니다. 인공지능총서는 인공지능 기술과 환경의 여러 주제를 10가지 키워드로 정리합니다. 관련 개념과 이론, 학계와 산업계의 쟁점, 우리 일상의 변화를 다룹니다. 인간과 기술의 현재, 미래를 세심히 분석합니다.

일러두기

- 인명, 작품명, 저서명, 개념어 등은 한글과 함께 괄호 안에 해당 국가의 원어를 병기했습니다.
- 외래어 표기는 현행 어문규정의 외래어표기법을 따랐습니다. 다만 '팔로워'는 관행을 따랐습니다.

처음이세요?

전문가세요?

지금, 큐알 찍으면

- AI 입문서 바로 선물
- 당신만의 필독서 추천
- 500권 요약본 공짜
- 오디오북 무료 사용

AI와 비즈니스 프레임워크 혁신

황충연

대한민국, 서울, 커뮤니케이션북스, 2025

AI와 비즈니스 프레임워크 혁신

지은이 황충연
펴낸이 박영률

초판 1쇄 펴낸날 2025년 7월 22일

커뮤니케이션북스(주)
출판 등록 2007년 8월 17일 제313-2007-000166호
02880 서울시 성북구 성북로 5-11
전화(02) 7474 001, 팩스(02) 736 5047
commbooks@commbooks.com
www.commbooks.com

ISBN 979-11-430-0413-0 03500

책값은 뒤표지에 표시되어 있습니다.

차례

AI 시대, 전략은 다시 질문을 시작한다 xi

01 비전과 목표의 전략적 정의 1
02 외부 환경 분석과 기회 발굴 11
03 전략적 우선순위와 자원 배분 23
04 내부 역량 분석과 실행 정렬 33
05 비즈니스 모델 혁신 43
06 고객 중심 전략과 마케팅 퍼널의 재설계 53
07 협상, 계약, 리스크의 전략적 관리 65
08 조직 정렬과 협업 역량의 전략적 강화 77
09 성과 측정과 실행 정렬의 전략적 시스템화 87
10 조직 변화와 지속 가능 전략의 통합 설계 97

AI 시대, 전략은 다시 질문을 시작한다

기술은 생각보다 빠르게 진화했고, 우리는 어느새 인공지능(AI, Artificial Intelligence)과 함께 일하는 시대에 들어섰다. 이메일 작성, 회의록 요약, 일정 정리 같은 단순 반복 작업은 이제 AI가 자연스럽게 수행한다. 그리고 전략 수립의 영역에도 인공지능이 깊숙이 들어오기 시작했다.

많은 이들이 묻는다. "이제 전략은 AI가 대신해 줄 수 있는가?" 그러나 우리가 던져야 할 진짜 질문은 이거다. "AI 시대에 우리는 어떤 전략적 질문을 던져야 하는가?"

생성형 AI는 전략가의 사고 구조를 뒤흔든다. 수많은 선택지를 동시에 제시하고, 압축된 통찰을 빠르게 제공하며, 데이터를 실시간으로 요약한다(OpenAI, 2023). 그러나 AI가 만들어 내는 답이 언제나 옳은 것은 아니다. 답의 질은 결국 질문의 수준에 달려 있다. 전략의 출발점은 여전히 인간의 사고이며, AI는 그 사고의 깊이와 넓이를 확장해 주는 존재다. 우리가 해야 할 일은 더 나은 질문을 던지고, 더 빠르게 검토하며, 더 정교하게 판단하는 것이다.

이 지점에서 전략 프레임워크의 중요성이 다시 부각된다. 스왓(SWOT), 페스텔(PESTEL), 포터의 5가지 경쟁 요인(5 Forces), BMC 같은 프레임워크들은 오랫동안 전략의 언어로 기능해 왔다. 이들은 생각의 틀을 제공하고, 복잡한 문제를 구조화하며, 협업을 가능하게 만드는 공통의 언어다(Porter, 2008). 중요한 건 이 프레임워크들이 낡았느냐가 아니라, 지금의 도구들과 어떻게 결합할 수 있느냐다.

AI는 정보 탐색, 요약, 시뮬레이션, 비교 분석에서 탁월한 속도를 보여 준다. 반면, 구조화된 판단과 전략의 일관성, 조직 내에서 공유 가능한 판단 기준은 여전히 프레임워크의 몫이다. 그래서 이 책에서는 생성형 AI와 전략 프레임워크의 결합 가능성에 주목했다.

이 책은 전략의 언어와 AI의 연산을 함께 활용해, 실무자가 전략적 결정을 더 빠르고 정확하게 내릴 수 있도록 돕는 실전 안내서다. 이 책에서는 10개의 핵심 전략 프레임워크를 중심으로, 각 도구가 어떤 문제에 적용되고, AI와 결합할 때 어떤 전략적 효과를 낼 수 있는지를 구체적으로 다룰 것이다.

무엇보다 중요한 것은 이 책이 당장 실무에 쓸 수 있어야 한다는 점이다. 독자는 프레임워크를 다시 학습하는 동시에, 생성형 AI를 전략 파트너로 다루는 방법을 익히게 될 것이다. 어떤 프롬프트를 입력해야 하는지, 어떤 데이터를 주면, AI가 유용한 전략 초안을 제시하는지, 실제 전략 설계 회의에서 어떻게 활용할 수 있는지까지, 모두 실제 적용을 염두에 두고 구성했다.

전략은 멈춰 있는 지식이 아니라, 끊임없이 재해석되고 재구성되어야 하는 실천이다. 이 책은 바로 그 실천의 출발점에서, 전략가가 AI라는 새로운 협업자와 어떤 대화를 나눌 수 있는지를 보여 주는 여정이다. 독자는 이 책을 통해 단지 프레임워크를 배우는 것이 아니라, 전략을 다시 묻는 사람이 될 것이다.

프레임워크는 왜 여전히 유효한가

인공지능이 일하는 방식을 바꾸고 있는 지금, 전략가들은 오히려 다시 오래된 질문 앞에 서게 된다. 무엇이 전략적인 사고인가? 어떻게 하면 더 나은 의사 결정을 내릴 수 있을까? 이 질문에 대한 가장 오래되었지만, 여전히 가장 실용적인 답이 바로 프레임워크다.

스왓, 페스텔, 포터의 5가지 경쟁 요인, 가치 사슬(Value Chain), BCG 매트릭스, 밸런스드 스코어카드…

이름은 익숙하지만, 그 안에는 우리가 현실을 해석하고 문제를 구조화하며 실행을 설계할 수 있도록 돕는 전략적 언어와 구조가 고스란히 담겨 있다(Chui et al., 2021).

프레임워크의 힘은 복잡한 현실을 단순하게 정리해준다는 데 있다. 급변하는 시장 환경, 예측 불가능한 정책 변화, 다양한 이해관계자 사이에서 전략가는 끊임없이 판단을 내려야 한다. 이때 프레임워크는 사고의 기준점을 제공한다. 예컨대 스왓은 단순한 네 칸짜리 도표처럼 보일 수 있지만, 조직의 내부 자산과 외부 기회를 동시에 조망하게 하고, 리스크를 전략의 일부로 받아들이게 만든다. 포터의 5가지 경쟁 요인은 산업 구조를 입체적으로 읽는 시야를, 가치 사슬 분석은 기업 내부 활동을 '가치 창출'의 흐름으로 재구성하게 만든다. 이들은 단순히 도식이 아니라, 사고의 흐름을 설계하는 틀이다(Porter, 2008). 특히 협업이 중요한 조직 환경에서 프레임워크는 더욱 강력한 도구가 된다. 마케팅 팀, 운영 팀, 재무 팀이 한 회의실에 모였다고 하자. 각자 다른 언어로 문제를 해석한다면 회의는 쉽게 공회전에 빠진다. 그러나 스왓, 페스텔, BMC 같은 공통 프레임을 기준으로 논의하면, 모두가 같은 언어 위에서 사고하고 정렬할 수 있다. 프레임워크는 전략적 판단을 시각화하고, 조직 내 소통을 구조화하는 공유 도구다.

또한 프레임워크는 반복 가능성과 재적용성 덕분에 실무에서 더욱 유용하다. 한번 익숙해진 구조는 다양한 상황에 재활용할 수 있다. 글로벌 컨설팅 회사들이 전혀 다른 산업에서도 빠르게 구조화된 분석을 수행할 수 있는 이유가 여기에 있다. 프레임워크는 문제를 빠르게 정리하고 비교하며 대안을 설계할 수 있는 토대를 제공한다. 반복 가능한 사고 구조는 단순히 효율을 넘어, 학습과 경험 축적의 기반이 된다.

물론 프레임워크에도 한계는 있다. 복잡한 현실을 지나치게 단순화하거나, 모든 문제를 하나의 틀에 억지로 끼워 넣는 위험 등이 그것이다. 그러나 문제는 프레임워크 그 자체가 아니라, 그것을 다루는 사람의 태도와 해석력이다. 프레임워크는 정답을 주는 장치가 아니라, 더 나은 질문을 만들기 위한 도구다. 어떤 틀을 선택할지, 어떤 질문을 던질지, 그 질문에 어떤 데이터를 배치할지는 전략가의 역량에 달려 있다.

이 책이 프레임워크를 다시 꺼내 드는 이유는 분명하다. 프레임워크는 여전히 유효하기 때문이며, 이제는 생성형 AI와 함께 사용할 수 있기 때문이다. 우리는 AI에

"스왓 분석을 해 줘", "이 제품군을 BCG 매트릭스로 분류해 줘"라고 요청할 수 있다. 그러나 그 답을 전략으로 전환하려면, 프레임워크의 구조를 이해하고 의미를 해석할 수 있는 사람이 필요하다.

다시 말해, 프레임워크는 AI를 다루는 전략가에게 더욱 강력한 도구가 된다. 전략은 도구의 문제가 아니라, 도구를 다루는 사고의 방식이다. 프레임워크는 그 사고의 뼈대를 제공하고, AI는 그 위에 살을 붙인다. 이 책은 그 뼈대와 살이 어떻게 만나 새로운 전략을 만들어 내는지를 탐색하는 여정이다.

생성형 AI는 전략의 속도와 깊이를 바꾼다

기술이 전략가의 책상을 바꾸고 있다. 예전에는 자료를 찾고 정리하는 데 하루가 걸렸고, 분석 틀을 적용하는 데 또 하루가 필요했다. 지금은 다르다. 전략가는 챗지피티(ChatGPT)에 시장 트렌드를 정리해 달라고 요청하고, 클로드(Claude)에 스왓 분석 초안을 맡기며, 퍼플렉시티(Perplexity)에서 경쟁사 정보를 실시간으로 탐색하고, 딥 서치(Deep Research) 기능으로 심층적인 조사 연구를 수행한다. 생성형 AI는 전략 수립의 전 과정을 가속화하고 있으며, 많은 조직이 이미 그 변화를 체감하고 있다.

하지만 속도만으로 전략이 더 나아지는 것은 아니다. 전략은 단순히 '빠른' 것이 아니라 '정확하고 깊은' 것이어야 한다. 생성형 AI가 진짜로 바꾸는 것은 속도뿐 아니라 깊이다. 더 많은 가능성을 열고, 더 정교한 실험을 가능하게 하며, 판단의 정확도를 높인다. 그 핵심은 도구 자체가 아니라, 그 도구를 어떻게 사용하는가에 있다.

이제 전략가는 단순히 'AI에 요청'을 하는 데 그치지 않고, 전략적 질문을 설계하고 구조화하는 능력을 갖춰야 한다. 생성형 AI를 효과적으로 활용하려면 단순한 명령어 전달을 넘어, 조직의 상황과 목적을 반영한 전략적 질문 설계가 필요하다. 질문에 담긴 맥락이 명확할수록 AI는 더 정교하고 실용적인 답변을 생성할 수 있다.

실제로 생성형 AI는 프레임워크 기반의 전략 분석과 매우 잘 어울린다. 예를 들어, 과거에는 페스텔 분석을 위해 항목별 최신 데이터를 찾고 정리하는 데 긴 시간이 걸렸다. 이제는 산업명과 국가, 키워드만 입력하면 정치, 경제, 사회, 기술, 환경, 법률에 걸친 요약 정보를 AI로부터 즉시 받아 볼 수 있다(McKinsey, 2023). 스웟 분석 역시, 자사 리뷰와 산업 보고서를 기반으로 강점, 약점, 기회, 위협을 자동으로 분류할 수 있다.

하지만 이 결과들은 '정답'이 아니다. 이 책이 강조하는 핵심이 바로 그 지점이다. AI는 전략을 대신하는 존재가 아니라, 전략적 사고를 확장하는 파트너다. 조직의 맥락, 리더의 의도, 팀의 문화와 특수성은 AI가 완전히 파악할 수 없다. 따라서 전략가는 AI가 제시한 답을 다시 해석하고, 검토하며, 맥락에 맞게 구조화할 줄 알아야 한다.

더 나아가, 생성형 AI는 전략 수립 과정에서 반복 가능한 실험 환경을 제공한다. 하나의 시나리오만 설정하는 것이 아니라, 다양한 가정과 조건을 바탕으로 다중 시나리오를 비교 · 설계할 수 있다. 과거에는 이런 작업이 컨설팅 프로젝트나 수개월짜리 내부 기획 과정에서만 가능했지만, 지금은 일상 업무 속에서도 가능해졌다. 예를 들어 "만약 경쟁사가 이 기술을 먼저 도입한다면 우리는 어떻게 대응할 수 있을까?"라는 질문에, AI는 실제 대응 시나리오의 흐름을 제시할 수 있고, 전략 설계 워크숍에서 이를 즉시 시각화하고 논의할 수 있다.

생성형 AI는 전략의 대안을 빠르게 탐색하고 실행 방향을 구체화하는 데 도움을 줄 수 있지만, 궁극적인 판단과 책임은 여전히 인간 전략가의 몫이다. AI는 도구이지, 전략 그 자체는 아니다. 결국 전략은 인간의 몫이다. 판단의 맥락을 해석하고, 우선순위를 결정하며, 때로 감정과 윤리까지 고려하는 것은 사람의 일이다.

이 책은 생성형 AI와 프레임워크가 어떻게 만나 실제 전략 실행력을 높일 수 있는지를 구체적으로 보여 주는 안내서다. 단지 '챗지피티 사용법'을 소개하는 것이 아니라, 전략 프레임워크 위에 AI를 얹었을 때 어떤 새로운 사고 흐름이 가능한지를 실전 중심으로 설명한다. 독자는 이 책을 통해 프레임워크와 AI가 함께 만들어 내는 전략의 새로운 언어를 경험하게 될 것이다. 그리고 전략 수립이 다시금 흥미롭고 도전적인 작업으로 다가오게 될지도 모른다.

이 책은 전략을 다시 실전으로 데려온다

전략은 배운다고 끝나는 일이 아니다. 책으로는 쉽게 이해되는 것들이 정작 실전에서는 아무 힘을 발휘하지 못하는 경우가 허다하다. 왜일까? 전략이 '어떻게 쓸 것인가'의 관점에서 다뤄지지 않기 때문이다.

실무 현장에서 전략 프레임워크는 종종 화석처럼 존재한다. 교과서에는 등장하지만 선략 설세 회의에시는 쓰이지 않고, 발표 자료에는 들어가지만, 실제 의사 결정에는 반영되지 않는다. 스왓, BCG, 페스텔 같은 프레임워크는 분명 강력한 도구인데, 왜 자주 외면받는 걸까?

문제는 '틀'이 아니라 '적용 방식'에 있다. 프레임워크는 그 자체로는 아무 일도 하지 않는다. 현장의 맥락에 따라 해석되고, 논의의 구조로 쓰여야 하며, 실행 흐름과 연결될 때 비로소 작동한다. 실행 가능성과 연계되지 않는 전략은, 방향은 있어도 가속 페달이 없는 자동차와 같다.

이 책이 전략 프레임워크를 다시 꺼낸 이유는 여기에 있다. 단지 이론을 정리하기 위함이 아니다. 전략 프레임워크는 이제 전략 설계 회의실로, 키보드와 브리핑 문서 위로 되돌아와야 한다. 그리고 이 전략 실천의 여정에 함께할 도구로 생성형 AI를 초대한다.

생성형 AI는 단순히 정보를 요약하거나 데이터를 정리하는 역할을 넘어, 전략 프레임워크를 실전에서 작동하게 해 주는 새로운 촉매다. 프레임워크는 사고의 틀을 제공하고, AI는 그 틀을 채워 주는 동반자다. AI는 실시간 데이터와 시장 정보를 기반으로 구조화된 초안을 제안하고, 전략가는 그 초안을 맥락에 맞게 조율해 간다.

이 책은 바로 그런 프레임워크×AI×전략 설계 워크숍(회의)이라는 삼각 구도를 중심에 두고 구성되었다. 각 장은 특정 프레임워크를 중심으로 구성되어 있지만, 단순히 개념과 구성 요소를 설명하는 데 그치지 않는다. 그 프레임워크가 어떤 전략 상황에서 유효한지, 어떤 한계를 가졌는지, 그리고 생성형 AI를 통해 어떻게 확장하거나 보완할 수 있는지를 구체적으로 보여 준다.

예컨대 스왓 분석 장에서는 경쟁사 데이터나 고객 피드백을 바탕으로 AI에 스왓 요약을 요청하는 실전 예시를 제시하고, 그 결과를 기반으로 전략 토론을 어떻게 유도할 수 있는지까지를 안내한다. 단지 이론을 배우는 것이 아니라, 전략의 흐름을 직접 구성해 보는 실험 과정을 경험하게 된다.

또한 이 책은 단순한 독서를 넘어, '워크북형 전략서'를 지향한다. 각 장의 말미에는 해당 프레임워크를 자신의 조직에 적용해 볼 수 있는 실전 프롬프트 예시, 팀 회의 질문, 전략 보고서 초안 구성 가이드를 함께 제공한다. 독자는 책을 읽는 것에 그치지 않고, 바로 자신의 회의실에서 이 도구들을 써 볼 수 있게 된다. AI는 그 즉시 반응하고, 전략가는 그 결과를 해석하며, 팀은 그 내용을 함께 논의하여 실행안을 도출할 수 있다.

실제로 이 책을 기획하며 자수 던졌던 질문이 있다. "AI가 도와줄 수 있는 전략의 영역은 어디까지인가?" 그 답은 명확했다. 정보 수집과 분석, 요약과 비교, 아이디어 확장과 시나리오 설계까지는 AI가 아주 잘 해낸다. 그러나 실행의 뿌리, 선택의 무게, 조직 내 공감과 조율은 여전히 사람의 몫이다.

이 책에서 그 경계와 접점을 명확히 하되, 그 둘이 함께 가장 생산적인 결과를 만들어 내는 지점을 조명하고자 한다. AI는 분석 도우미가 아니라 전략 설계 워크숍의 대화 파트너로 기능할 수 있다. 프레임워크는 책 속의 이론이 아니라, 회의 테이블 위에서 실시간으로 펼쳐질 수 있다.

이 책은 특히 전략을 현실에서 다뤄야 하는 실무자들을 위한 책이다. 중견기업의 기획자, 공공 기관의 정책 담당자, 스타트업의 공동 창업자, 또는 전략 설계 워크숍을 주도해야 하는 팀 리더. 이들은 모두 시간은 부족하고, 정보는 넘치며, 선택은 늘 어렵다. 이 책은 그들의 회의실과 키보드 위에 프레임워크와 AI라는 두 가지 도구를 올려놓고, 그것을 어떻게 실천의 언어로 바꿔 낼 수 있는지를 구체적으로 보여 준다.

이 책을 통해 독자들이 다시 전략을 흥미롭게 느끼고, 다시 전략가의 역할에 몰입할 수 있기를 바란다. 전략은 결국 다시 '사람의 일'이기 때문이다.

이 책은 누구를 위한 책이며, 어떻게 구성되어 있는가

이 책은 전략이라는 단어 앞에서 막막함을 느끼는 이들을 위해 쓰였다. 그 막막함은 두 방향에서 온다. 하나는 '전략 프레임워크를 알고는 있지만, 실무에서 어떻게 적용할지 모르겠다'는 불안에서 비롯된다. 다른 하나는 '생성형 AI는 다룰 줄 알지만, 그것을 전략 업무에 어떻게 접목해야 할지 막막하다'는 고민이다. 이 책은 바로 그 두 가지 질문이 교차하는 지점에서 출발한다. 전략 프레임워크는 사고를 정리해 주는 도구이고, AI는 실행을 가속하는 기술이지만, 이 둘을 연결하는 방법은 아직 많은 이들에게 낯설다. 이 책은 그 낯섦을 실전 중심의 흐름으로 바꿔 주기 위해 기획되었다.

무엇보다 전략은 특정 분야에 국한된 기술이 아니다. 스타트업이든 중견기업이든, 공공 기관이든, 혹은 경영학을 공부하는 학생이든, 전략은 누구에게나 필요하다. 이 책은 그 다양한 독자층을 현실적으로 고려했다. 예컨대 조직 내 전략을 담당하는 기획자나 실무자에게는 지금 당장 회의에서 사용할 수 있는 선락 도구를 제공하고자 했다. 전략 전담 인력이 없는 조직에서 직접 전략을 짜고 실행까지 이끌어야 하는 팀장이나 관리자들에게는 실제 상황에 맞게 응용 가능한 구조를 제시했다. 빠른 실행과 결정을 요구받는 스타트업의 창업자나 중소기업 경영자에게는 실행 가능성과 민첩성을 고려한 전략 설계를 안내하고자 했다. 동시에 전략적 사고를 학습 중인 경영학 석사(MBA, Master of Business Administration) 과정의 학생이나 예비 경영자들에게는 프레임워크의 원리를 실무 흐름과 함께 체화할 수 있도록 돕는 교차 학습의 기반을 마련하고자 했다. 이 책은 전략에 대한 개념적 이해와 실천적 감각을 함께 다루며, 전략가의 사고를 실제 상황에 맞게 조율할 수 있는 훈련의 장으로 구성되었다.

책의 구성은 유연하면서도 일관된 흐름을 따른다. 처음부터 끝까지 순서대로 읽으면 전략 수립에서 실행, 조직 정렬, 변화 관리와 지속 가능성까지 전략의 전체 여정을 따라갈 수 있다. 그러나 이 책은 굳이 처음부터 끝까지 읽지 않아도 된다. 지금 필요한 전략 주제가 있다면 해당 장만 골라 읽어도 무방하도록 구성되어 있다. 각 장은 하나의 전략 프레임워크를 중심으로 독립적인 내용 구조를 갖추고 있으면서도, 전반적인 전략 흐름 안에서는 유기적으로 연결되도록 설계되었다. 예를 들어 새로운 시장 진입 전략이 필요하다면 2장에서 페스텔 분석과 시나리오 플래닝을 참고할 수 있고, 내부 자원의 진단이 목적이라면 4장에서 VRIO 분석과 스왓을 적용해 볼 수 있다. 전략 회의나 경영 보고를 앞두고 있다면 3장에서 우선순위 설정과 자원 배분 프레임워크를 활용하는 것이 적합할 것이다.

각 장은 단순히 개념을 설명하는 데 그치지 않는다. 프레임워크의 정의와 구조, 사용 시점과 한계를 짚은 뒤, 생성형 AI와의 결합을 통해 실전에서 어떻게 활용할 수 있는지를 사례 중심으로 보여 준다. 독자는 각 장을 통해 프레임워크라는 사고의 틀을 생성형 AI라는 도구와 연결하고, 그것을 전략적 실행으로 이어 가는 흐름을 경험하게 될 것이다.

이 책은 단지 '읽는 책'이 아니라 '써 보는 책'이다. 각 장 말미에 자신의 조직이나 프로젝트에 프레임워크를 직접 적용해 볼 수 있도록 실전 프롬프트 예시와 전략 보고서 작성 가이드 등을 제공한다. 독자는 책을 읽고 곧바로 자신의 일상 업무에서 실험을 시작할 수 있다. 생성형 AI는 그에 즉각 반응하고, 전략가는 그 결과를 재구성하며, 팀은 그 내용을 함께 검토하면서 실행안을 구체화해 나갈 수 있다. 그 과정에서 독자는 프레임워크와 AI 사이에서 전략가로서의 감각을 다시 세우게 될 것이다.

이 책은 이론으로만 남아 있는 전략을 다시 움직이는 전략으로 바꾸기 위해 쓰였다. 전략이라는 단어가 교과서 밖에서 다시 살아 움직이고, 생성형 AI가 그 실천을 앞당길 수 있다는 것을 확인하는 책. 그 책을 지금 당신이 펼치고 있다.

질문에서 시작된 전략, 실행에서 완성

누구나 매일 크고 작은 전략적 선택을 하고 있고, 그 선택의 과정에서 인공지능은 점점 더 가까운 도구가 되어 가고 있다. 단순히 기술을 익히는 것을 넘어서, 우리가 진정 고민해야 할 중요한 질문은 언제나 같은 지점으로 돌아간다. 우리는 무엇을 물어야 하며, 그 질문은 어떤 흐름으로 실행되어야 하는가?

전략은 질문으로 시작되며, 그 질문이 구조화할 때 사고는 깊이를 얻는다. 프레임워크는 그 질문에 골격을 주고, 생성형 AI는 그 골격에 속도와 확장을 더 한다. 이 책은 바로 그 둘 사이를 잇는 실천적 로드 맵이 되고자 했다. 이론으로 그치는 전략이 아니라, 일의 흐름 속에서 작동하는 전략, 실행 가능한 흐름으로 이어지는 전략을 도출하기 위한 책을 만들고자 했다.

이제 필요한 것은 단 하나다. 직접 해 보는 일. AI에 질문을 던지고, 프레임워크 위에 자신의 조직 상황을 하나씩 배치해 보며, 그로부터 실행 가능한 전략 계획을 설계해 보는 경험이다. 이 책의 각 장은 바로 그러한 전략 실험을 위한 구조를 제공하고 있다. 프레임워크와 AI는 이제 단지 책 속 개념이 아니다. 전략가의 손안에 쥘 수 있는 구체적인 도구가 되었다.

지금, 그다음 장으로 넘어가자. 전략은 다시 살아 움직이는 언어가 될 준비를 마쳤다.

참고문헌

Chui, M., et al.(2021.12.8). The state of AI in 2021(McKinsey Global Survey). McKinsey & Company. https://www.mckinsey.com/capabilities/quantumblack/our-insights/global-survey-the-state-of-ai-in-2021

McKinsey & Company(2023). What is generative AI? https://www.mckinsey.com/featured-insights/mckinsey-explainers/what-is-generative-ai

OpenAI(2023). ChatGPT: Optimizing Language Models for dialogue. https://chatgpt.r4wand.eu.org/

Porter, M.(2008). Michael Porter faculty profile. Harvard business school. https://www.hbs.edu/faculty/Pages/profile.aspx?facId=6532

01
비전과 목표의 전략적 정의

전략은 조직의 존재 이유와 지향점을 정의하는 일에서 출발한다. 조직이 왜 존재하는지, 어디로 향하고자 하는지, 그 목적을 어떻게 측정할지를 명확히 하는 것이 전략의 시작이다. VMV는 그 방향을 설정하고, OKR은 그 방향으로 나아가는 리듬을 제공한다. 생성형 AI는 이 과정에서 전략 문장의 초안을 제시하고, 목표를 정량화하는 실질적 도구로 작동한다.

AI와 1인 창업?

비전·미션·가치 프레임워크: 전략의 출발점은 방향의 명확성이다

전략은 어디로 가고자 하는지에 대한 물음에서 시작한다. 그런데 많은 조직은 그 '방향'을 명확히 말하지 못한다. 제품은 있고, 서비스도 있지만, 궁극적으로 무엇을 위해 존재하며, 어떤 기준으로 움직이는지를 설명하지 못한다. 그래서 전략의 출발점은 비전(Vision), 미션(Mission), 가치(Value)를 분명히 정의하는 것이다. 이 세 가지를 묶은 것이 VMV 프레임워크다.

비전은 조직이 도달하고자 하는 미래의 모습, 미션은 현재의 존재 이유, 가치는 여정 속 행동 기준이다. 이들은 단지 선언문이 아니라, 전략적 의사 결정의 기준이자 조직 문화의 근간이다. 예컨대 '모든 이에게 접근 가능한 청정에너지를'이라는 비전을 가진 기업은, 미션으로 '저소득 지역을 위한 태양광 설루션 개발'을 내세우고, '혁신', '지속 가능성', '사회적 포용'을 가치로 삼을 수 있다. VMV는 전략과 일상 행동 사이를 잇는 다리다(Coleman, 2022).

많은 기업이 VMV를 홈페이지 한쪽에 올려 둔 채 잊어버린다. 그러나 잘 정립된 VMV는 내부를 정렬하는 '전략적 나침반'이 된다. 구성원은 "이 결정이 미션에 부합하는가?", "이 행동이 가치와 일치하는가?"를 자문하며 움직인다. 특히 이해관계자가 다양한 중견기업이나 공공 기관일수록 명확한 VMV는 불필요한 논쟁을 줄이고 공통의 판단 기준을 제공한다(Cote, 2020).

VMV의 실효성은 실행에서 판가름 난다. 벽에 붙어 있는 문장이 아니라, 채용, 평가, 전략 수립, 커뮤니케이션에 활용될 때 비로소 의미가 있다. 예컨대 채용 시 "이 후보자의 태도와 역량은 우리 가치에 부합하는가?"를 묻는 순간, VMV는 실천으로 작동하기 시작한다. 전략 수립에서도 "이 프로젝트는 비전과 얼마나 연결돼 있는가?"라는 질문이 자원 배분에 일관성을 부여한다.

그렇다면 VMV는 어떻게 만들어야 할까? 단지 경영진이 멋진 문장을 쓰는 것으로는 부족하다. 구성원의 공감 없는 VMV는 공허한 수사에 그치기 쉽다. 진정한 VMV는 내부 구성원과의 대화 속에서 발굴돼야 한다. 조직이 어떤 선택과 문화를 중시해 왔고, 무엇에 자부심을 느끼는지 돌아보며, 미래에 대한 열망을 비전으로, 현재의 존재 이유를 미션으로, 여정의 태도를 가치로 정리해야 한다.

VMV는 전략의 출발점이자 실행의 기반이다. 방향이 선명하면 속도는 자연히 따라온다. 그리고 그 방향은 문장이 아니라, 선택과 행동으로 살아 있어야 한다. 이 책의 첫 장이 VMV로 시작하는 이유도 여기에 있다. AI가 아무리 정교한 전략 보고서를 제시해도, 조직이 어디로 가고자 하는지를 모른다면 그 전략은 껍데기에 불과하다. 반대로 명확한 VMV를 가진 조직은 AI를 활용해 그 방향으로 더 빠르고, 일관되게 나아갈 수 있다. 전략은 결국 '어디로, 왜, 어떻게 갈 것인가'의 이야기이며, VMV는 그 질문에 대한 가장 정직한 첫 답이다.

OKR: 성과를 설계하는 전략적 리듬

전략이 방향을 세우는 일이라면, OKR은 그 방향을 향해 실제로 나아가는 걸음을 설계하는 도구다. 조직의 비전과 미션이 명확해졌다면, 이제 그것을 실행 가능한 목표와 측정 가능한 결과로 바꾸어야 한다. OKR은 바로 그 전환의 구조를 제공한다.

OKR은 목표(Objective)와 핵심 결과 지표(Key Results)의 약자로, '무엇을 이루고 싶은가'와 '그것을 어떻게 측정할 것인가'를 짝지어 정리하는 방식이다. 목표는 정성적이고 영감을 주는 방향이어야 하며, 핵심 결과는 그 목표 달성의 정도를 수치로 보여 주는 구체적인 기준이어야 한다. 예컨대 목표가 '고객 만족도를 혁신적으로 향상한다'라면, 핵심 결과는 '순고객추천지수(NPS, Net Promoter Score) 점수를 40에서 60으로 향상', '24시간 내 문의 응답률 90% 이상 유지'처럼 정리된다(McKinsey, 2022).

OKR은 단순한 구조 때문에 많은 조직에서 빠르게 도입했지만, 동시에 그 단순함 때문에 오해받기도 한다. OKR은 '할 일 목록'이 아니다. 전략적 우선순위를 명확히 하고, 팀과 개인이 같은 방향으로 정렬되도록 하는 구조적 장치다. OKR이 효과적으로 작동하려면 상위 전략 목표를 공유하고, 팀과 개인이 자율적으로 OKR을 정의하는 '정렬된 자율성(aligned autonomy)'이 확보되어야 한다. 수직적으로 강제되는 순간, 핵심성과지표(KPI, Key Performance Indicator)와 다를 바 없는 통제가 된다.

OKR이 전략 실행의 리듬을 만들어 내는 이유는, 그것이 주기적인 점검과 조정을 전제로 하기 때문이다. 대부분의 조직은 OKR을 분기 단위로 설정하고, 매주 또는 매월 체크인 미팅을 통해 진행 상황을 점검한다. 이를 통해 목표는 단순히 '설정된 것'이 아닌 '진행 중인 것'이 되고, 필요시 유연하게 조정된다(Sull, 2018).

대표적 성공 사례는 구글(Google)이다. 구글은 2000

년대 초부터 OKR을 전사적으로 도입해 목표 정렬과 실행 추적의 리듬을 구축해 왔다. OKR은 모두에게 공개되며, 경영진부터 인턴까지 각자 OKR을 설정하고 주기적으로 점검한다. 이를 통해 개인은 자기 일이 조직 전략과 어떻게 연결되는지를 이해하고, 목표에 대한 책임감을 느끼게 된다.

생성형 AI는 초안 작성, 예시 생성, 유사 사례 추천, 정량 지표 제안 등에서 설정 과정을 가속한다. "고객 응대 품질 향상을 위한 OKR 예시를 제안해 줘"라는 요청에 AI는 다양한 OKR 조합을 수 초 만에 제시한다. 이는 OKR 초보자나 팀이 아이디어를 빠르게 수집하는 데 유용하다. 단, AI가 제안한 OKR은 초안일 뿐이며, 조직의 맥락과 팀 특성, 구성원 피드백이 반영된 인간의 재해석이 필요하다.

결국 OKR의 핵심은 단순하지만 강력한 구조에 있다. 무엇을 할 것인지, 어떻게 측정할 것인지에 대한 명확한 정의. 그 구조를 중심으로 팀이 논의하고 조율하며 실행해 나가는 과정. 그 여정 속에서 AI는 단순 반복을 줄이고, 더 깊이 있는 전략 대화를 가능케 하는 조력자가 될 수 있다. 이 책이 1장에서 OKR을 VMV와 함께 다루는 이유는, 전략의 출발점에서 실행까지의 흐름을 보여 주기 위함이다. 방향이 정해졌다면, 이제 리듬을 만들어야 한다. OKR은 그 리듬을 설계하는 가장 간결하고 강력한 방식이다.

생성형 AI와 함께 비전과 목표를 정의하는 법

전략의 출발점은 방향이다. 그런데 그 방향을 어떻게 정의해야 할지를 놓고 많은 조직이 주저한다. 비전은 추상적으로 흐르고, 미션은 구체성이 부족하며, 목표는 추적할 수 없다. 이럴 때 생성형 AI는 그 막막함을 뚫고 나가는 새로운 도구가 될 수 있다. 챗지피티, 클로드 같은 생성형 AI는 단순한 글쓰기 도우미를 넘어, 전략 설계의 초안을 만들어 주는 '디지털 협상 파트너'로 진화하고 있다. 아이디어를 끌어내고, 구조를 제안하고, 비교 가능성을 열어 주는 이 기술은 전략가가 빈 종이 앞에서 겪던 막막함을 빠르게 줄여 준다.

예를 들어, AI에 "친환경 에너지 스타트업을 위한 비전 문장을 제안해 줘. 핵심 키워드는 포용성, 지속 가능성, 기술 혁신이야"라고 요청해 보자. 수 초 만에 "모두가 이용할 수 있는 지속 가능한 에너지를 실현한다", "기술과 사람을 연결해 지구의 내일을 바꾼다" 등 다양한 초안이 생성된다. 그중 하나가 답일 필요는 없다. 중요한 것은 이 과정 자체가 조직 내 논의의 출발점이 될 수 있다는 점이다(D'Amico et al., 2025).

AI는 비전과 미션뿐 아니라 OKR 설계에도 유용하다. 예컨대 "고객 이탈률을 줄이기 위한 OKR 예시를 제안해줘"라고 하면, "Objective: 고객 충성도 향상. Key Result 1: 반복 구매율 20% 증가. Key Result 2: 이탈 고객의 30% 재활성화" 같은 제안이 돌아온다. 이렇게 만들어진 초안은 회의 토론의 기초 자료가 되며, 빠른 수정과 합의를 가능하게 만든다. 일부 조직은 전략 회의 전에 팀원들이 AI로 OKR 초안을 만든 후 회의에 참여하도록 유도한다. 이 방식은 회의의 질을 높이고, 참여자의 주도성과 전략적 사고를 강화한다.

AI는 인터넷에 존재하는 다수 사례를 기반으로 '평균적인' 문장을 만들어 낸다. 그래서 조직의 정체성, 산업 특성, 구성원 언어 습관은 반영하지 못할 수 있다. 사라 롭코비치(Sara Lobkovich)는 "생성형 AI 도구는 OKR 예시 작성을 할 때 최선의 경우 약 30% 정도까지는 도와주지만, 출발점이 생긴다는 점에서 나머지 70%는 여전히 인간의 판단과 맥락에 따라 다듬어야 한다"라고 말한다(Lobkovich, 2024).

이 말은 곧 AI는 질문이 명확할수록 유용하다는 뜻이

다. “우리 조직의 비전이 뭘까?”보다는 “비영리 교육 기관으로서 전국 단위 확장을 계획 중이야. 포용성, 신뢰, 미래 지향성을 반영한 비전 문장을 세 가지 스타일로 제안해 줘”가 더 나은 결과를 낸다. 이런 ‘프롬프트 설계’ 기술은 단순 사용법이 아니라 전략적 사고 훈련이다.

또한 AI는 조직 내부 논의의 출발점으로도 유용하다. 전략 워크숍이나 리더십 세션에서, AI가 제시한 VMV나 OKR 초안을 중심으로 ‘이 문장은 우리다운가’, ‘이 목표는 실행 가능한가’를 논의하며 실질적 합의가 가능하다. 중소기업이나 스타트업처럼 전략 인력이 부족한 조직에선, 이런 AI 기반 초안이 매우 유용한 전략 촉매로 작동한다. 마치 AI가 외부 컨설턴트처럼 기능하는 셈이다.

이 책이 VMV와 OKR을 생성형 AI와 함께 다루는 이유는 분명하다. 전략의 출발점은 말이 아니라 방향이다. 그리고 그 방향은 이제 사람의 머릿속에만 있는 것이 아니라, AI와의 대화 속에서도 함께 정리할 수 있는 시대가 되었다. AI는 생각을 정리해 주는 거울이자, 전략 가능성을 펼쳐 주는 도구다. 그것을 어떻게 쓰느냐는 오롯이 전략가의 몫이다.

참고문헌

Coleman, J.(2022). It's time to take a fresh look at your company's values. Harvard Business Review. https://hbr.org/2022/03/its-time-to-take-a-fresh-look-at-your-companys-values

Cote, C.(2020). Why is strategic planning important? Harvard Business School Online. https://online.hbs.edu/blog/post/why-is-strategic-planning-important

D'Amico, A., et al.(2025). How AI is transforming strategy development. McKinsey & Company. https://www.mckinsey.com/capabilities/strategy-and-corporate-finance/our-insights/how-ai-is-transforming-strategy-development

Lobkovich, S. L.(2024). OKR FAQ: Generative AI, strategic planning, and OKRs. Medium. https://saralobkovich.medium.com/okr-faq-generative-ai-strategic-planning-and-okrs-c101954cf088

McKinsey & Company.(2022). Building a "digital operating rhythm" with OKR software. https://www.mckinsey.com/industries/technology-media-and-telecommunications/our-insights/building-a-digital-operating-rhythm-with-okr-software

Sull, D.(2018). John Doerr on OKRs and measuring what matters. MIT Sloan Management Review. https://sloanreview.mit.edu/video/john-doerr-on-okrs-and-measuring-what-matters/

02
외부 환경 분석과 기회 발굴

전략은 조직 내부에서 시작되지만, 방향은 외부에서 결정된다. 기술, 정책, 소비자 가치관, 산업 구조 변화는 전략의 전제를 흔든다. PESTEL과 시나리오 플래닝은 이런 불확실성을 구조화하는 대표 프레임워크다. 생성형 AI는 외부 데이터를 정리하고, 다양한 전략 시나리오를 생성함으로써 기회의 방향을 정교하게 포착하도록 돕는다. 조직은 전략만으로 움직이지 않는다.

AI와 MBTI?

페스텔과 시장 조사: 전략적 통찰의 시작점

전략 수립의 출발점은 외부 환경을 읽는 능력이다. 아무리 뛰어난 아이디어와 내부 자원이 있어도, 바깥세상의 변화에 둔감하면 그 전략은 힘을 잃는다. 그래서 전략가들은 가장 먼저 외부 환경 분석을 수행한다. 이때 가장 널리 사용되는 분석 도구가 페스텔이다.

페스텔(PESTEL)은 정치(Political), 경제(Economic), 사회(Social), 기술(Technological), 환경(Environmental), 법률(Legal)의 여섯 축으로 세상을 분해해 보는 프레임이다. 복잡한 외부 환경을 구조적으로 정리할 수 있게 해준다(Johnson et al., 2017).

예컨대 한 식음료 기업이 동남아 시장에 진출하려 한다면, 정치적 안정성, 수입 규제, 환율 변동성은 정치·경제적 요소에 해당한다. 젊은 소비층의 건강 지향은 사회적 흐름이고, 유통 플랫폼의 디지털화는 기술적 요소다. 플라스틱 사용 규제는 환경 영역에, 식품 안전 인증 제도는 법률 영역에 속한다. 이처럼 페스텔은 복잡하게 얽힌 현실을 여섯 가지 관점으로 분류하여 명확히 해석할 수 있게 한다(Johnson et al., 2017).

페스텔이 외부 환경을 전체적으로 조망하는 틀이라면, 시장 조사는 그 틀 안에서 실질적인 기회와 경쟁의

밀도를 측정하는 도구다. 시장 조사는 단순히 데이터를 수집하는 과정이 아니다. 그것은 전략적 자원 배분을 위한 '가치의 지형도'를 그리는 일이다(Comparables.ai, n.d.).

특히 전체시장(TAM, Total Addressable Market) 개념은 전체 시장의 크기를 정량화해 사업 기회의 크기를 가늠하게 해 준다. 이 개념을 기반으로 실제 접근 가능한 시장을 유효시장(SAM, Serviceable Available Market), 그중 자사가 실제 점유할 수 있는 시장을 점유시장(SOM, Serviceable Obtainable Market)으로 나눌 수 있다.

하지만 시장의 크기를 아는 것만으로는 충분하지 않다. 해당 시장에 어떤 경쟁자가 존재하며, 그들의 포지셔닝과 가격 전략은 무엇인지를 파악하는 것이 더 중요하다. 경쟁사 분석은 제품 스펙, 고객 후기, 가격, 광고 메시지 등 실무적 지표를 통해 자사의 차별화 전략을 세우는 데 중요한 기초가 된다. 미국 중소기업청(SBA)은 경쟁사를 분석하고 배우는 것이 지속 가능한 경쟁 우위를 만드는 핵심이라고 강조한다(U.S. Small Business Administration, 2024).

또한, 시장 조사에는 숫자뿐 아니라 '감지력'이 필요하다. 지금 유행하는 키워드를 나열하는 데 그치지 않고, 변화의 징후를 포착해야 한다. 검색 엔진 트렌드, 소셜 미디어 대화량, 뉴스 키워드 분석 등은 모두 변화의 신호를 읽는 도구다. 예를 들어 전동 킥보드에 대한 관심이 급증하고 규제가 마련되고 있다면, 이는 단순한 유행을 넘어서 새로운 시장 질서 형성의 징후일 수 있다(Kiely, 2023). 이처럼 변화의 신호를 조기에 감지하고 전략을 조정하는 것이야말로 진짜 전략가의 감각이다.

시나리오 플래닝: 불확실성에 맞서는 전략적 상상력

전략을 세운다는 것은 결국 미래를 준비한다는 뜻이다. 그러나 그 미래는 결코 하나의 방향으로만 흘러가지 않는다. 외부 환경은 언제든 예기치 않게 변할 수 있으며, 그 변화는 단순한 예측이 아닌 '상상'의 영역에 가깝다. 이때 전략가는 하나의 미래만 보는 것이 아니라, 다양한 가능성에 대비해야 한다. 이때 필요한 도구가 바로 시나리오 플래닝이다.

시나리오 플래닝은 '미래는 예측할 수 없다'는 전제 위에서 다양한 시나리오를 구성해 보는 전략적 사고 훈련이다. 이는 미래를 정확히 맞히기 위한 방법이 아니라, 변화에 유연하게 대응하기 위한 사고 실험이며, 전략적 리더십의 인식 틀을 확장하는 도구다(Schoemaker, 1995). 이 과정은 우리가 현재 당연하게 믿고 있는 전제들을 깨뜨리고, 다양한 변수들을 조합해 '그럴 수도 있는' 미래들을 상상하게 한다.

가장 대표적인 사례는 1970년대 로열 더치 셸(Royal Dutch Shell)의 이야기다. 셸의 전략 기획 팀은 중동에서의 석유 공급 중단이라는 극단적 상황을 시나리오로 상정했고, 실제로 1973년 석유 파동이 발생했을 때 빠르게 대응할 수 있었다. 대부분의 경쟁사들이 혼란에 빠졌지만, 셸은 이미 그 상황을 가정해 본 경험 덕분에 민첩하게 전략을 실행할 수 있었다(Cabanes et al., 2023). 이는 시나리오 플래닝이 전략적 민첩성을 높이는 데 얼마나 실질적인 영향을 미칠 수 있는지를 보여 준다.

시나리오 플래닝은 일반적으로 두 가지 방식으로 나뉜다. 첫째는 내러티브 기반 방식이다. 셸 사례처럼, 스토리라인을 통해 다양한 미래를 이야기 형태로 그려 보는 접근이다. 둘째는 2×2 매트릭스 방식이다. 두 개의 핵심 불확실성을 기준 축으로 설정한 후, 이를 교차시켜 네 가지 미래 세계를 구성한다. 예를 들어 기술 발전 속도와 정부 규제 강도를 기준으로 한다면, '빠른 기술 발전과 약한 규제', '느린 기술 발전과 강한 규제' 등 네 가지 조합이 나올 수 있다. 이 시나리오별로 강건한 전략(robust strategy)과 특정 조건에서만 효과적인 전략(selective strategy)을 구분해 낼 수 있다(Schwarz & Kleine, 2025).

이러한 접근은 특히 장기 투자가 필요한 산업에서 유용하다. 에너지, 금융, 항공, 자동차 산업은 기술 변화나 정치적 리스크에 민감하고, 회수 주기가 길기 때문에 단기 예측에만 의존하기 어렵다. 다양한 시나리오를 준비해 두면, 변화가 현실화할 때 빠르게 전환 전략을 가동할 수 있다. 예를 들어 전기차의 보급 속도가 빠를 경우와 느릴 경우를 나누어 생산 계획과 부품 공급망 전략을 이중으로 설정해 두는 방식이 가능하다.

시나리오 플래닝의 진짜 가치는 그것이 조직 내부의 인식 전환을 일으킨다는 점이다. 미래가 불확실하다는 사실은 두려움의 근거가 아니라, 상상력과 전략적 유연성을 키울 기회다. 전략은 단순히 계획을 실행하는 것이 아니라, 변화에 적응하는 능력이며, 시나리오 플래닝은 그 능력을 훈련하는 가장 강력한 도구다.

생성형 AI를 활용한 외부 환경 분석의 혁신

전략의 시작은 세상을 읽는 데 있다. 세상을 읽는다는 것은 단순히 데이터를 모으는 것이 아니라, 정보를 맥락 속에서 이해하고, 의미 있는 흐름을 파악하며, 변화의 징후를 감지하는 능력까지 포함한다. 과거에는, 이 역할을 주로 분석가나 전략 컨설턴트가 수행했다. 그러나 이제 생성형 인공지능이 그 역할을 상당 부분 수행할 수 있게 되었고, 이는 전략가에게 완전히 새로운 도구 상자를 열어 준다.

생성형 AI는 뉴스, 산업 보고서, 소셜 미디어, 정부 통계 등 방대한 데이터를 실시간으로 스캔하고 요약하며, 사용자가 원하는 방식으로 정보를 구조화할 수 있다. 과거에 한 명의 분석가가 일주일 동안 해야 했던 작업을, 이제는 몇 개의 프롬프트만으로 몇 분 안에 초안 형태로 생성할 수 있다. 특히 외부 환경 분석처럼 정보의 양이 방대하고 맥락 연결이 중요한 분야에서는 AI의 기여도가 매우 높다(OpenAI, 2023).

AI는 단순한 정보 요약을 넘어, 다수 출처에서 공통된 키워드를 추출하고 산업 담론의 방향성을 읽을 수 있다. 예컨대 한 기업이 신흥 시장에 진입하려 할 때, 생성형 AI는 그 국가의 규제 환경, 기술 수준, 소비자 태도를 종합 분석하여 산업 분위기를 요약해 줄 수 있다.

더욱 중요한 것은 AI가 '변화의 징후'를 포착할 수 있다는 점이다. 트렌드는 작은 신호, 즉 약한 움직임의 누적으로부터 출현한다. AI는 이런 약한 신호(weak signals)를 포착하는 데 매우 효과적이다. 소셜 미디어에서의 미세한 언급량 증가나, 기술 관련 기사에 반복 등장하는 키워드 등을 통해 AI는 '트렌드 전조'를 해석할 수 있다. 이러한 기능은 구글 트렌드(Google Trends), 브랜드워치(Brandwatch) 같은 툴과 연동할 때 더욱 강화된다(Kiely, 2023).

경쟁사 분석에서도 AI는 강력한 역할을 한다. 기존에는 경쟁사 웹사이트, 뉴스, 보고서를 일일이 확인해야 했지만, 이제는 AI가 뉴스, 채용 공고, 고객 리뷰, SNS 콘텐츠를 통합 분석하여 종합 보고서를 생성할 수 있다. 이를 통해 경쟁사의 전략 변화에 실시간으로 대응할 수 있다(Marin, 2023).

더 나아가 생성형 AI는 이질적인 분석 항목들을 하나로 엮어 통합된 전략 브리핑을 제공할 수 있다. 예를 들어 소비재 기업이 새로운 시장에 진입하려 한다면, AI는 시장 규모, 트렌드, 경쟁사, 규제, 고객 피드백을 순차적으로 분석해 하나의 전략 보고서로 통합해 제시할 수 있다. 이는 마치 한 명의 고급 컨설턴트가 작성한 맞춤형 보고서와 유사한 결과물을 제공한다.

AI의 진가는 단독 사용이 아닌, 다른 도구들과의 연계에서 더욱 빛난다. 기업은 링크드인(LinkedIn)에서 경쟁사 인사이트를 찾고, 시밀러웹(SimilarWeb)에서 트래픽 데이터를 확인한 뒤, 이를 챗지피티에 입력해 분석 초안을 만들 수 있다. 또는 구글 트렌드로 검색량 변화를 감지하고, 이에 대한 뉴스와 리뷰를 AI가 요약하도록 하는 방식도 가능하다. 이처럼 사람의 탐색과 AI의 분석이 결합한 '혼합형 워크 플로'는 전략의 속도와 깊이 모두를 향상한다.

전략가는 AI의 결과를 그대로 수용하는 것이 아니라, 그것을 검토하고 조정하며 맥락에 맞게 재해석해야 한다.

생성형 AI는 외부 환경 분석의 패러다임을 바꾸고 있다. 더 넓고, 더 빠르고, 더 깊게 정보를 탐색할 수 있게 되었지만, 결국 전략의 완성은 인간의 선택에서 비롯한다. AI는 전략적 상상력을 실행으로 연결하는 디지털 징검다리다. 진짜 통찰은 여전히 사람의 손끝에서 만들어진다.

참고문헌

Cabanes, B., et al.(2023). Case stuty: How shell anticipated the

1973 oil crisis. Polytechnique Insights.
https://www.polytechnique-insights.com/en/columns/society/case-study-how-shell-anticipated-the-1973-oil-crisis/
Comparables.ai.(n.d.). Understanding market sizing: A comprehensive guide.
https://www.comparables.ai/articles/understanding-market-sizing-a-comprehensive-guide
Johnson, G., et al.(2017). *Exploring strategy*(11th ed.). Pearson.
Kiely, T. J.(2023). How to do market research: Definition, types, methods. Meltwater.
https://www.meltwater.com/en/blog/market-research
Marin, M.(2023). Revolutionize your strategy: How AI tools can transform your SWOT analysis. LinkedIn Pulse.
https://www.linkedin.com/pulse/revolutionize-your-strategy-how-ai-tools-can-transform-manuel-marin-s9zfc
OpenAI.(2023). ChatGPT: Optimizing Language Models for dialogue. https://chatgpt.r4wand.eu.org/
Schoemaker, P. J. H.(1995). Scenario planning: A tool for strategic thinking. Harvard Business Review.
https://www.researchgate.net/publication/220042263_Scenario_Planning_A_Tool_for_Strategic_Thinking
Schwarz, J. O. & Kleine, K.(2025). How interactive 'Scenario Game' helps navigate uncertainty and develop foresight. World Economic Forum.
https://www.weforum.org/stories/2025/02/scenario-game-navigate-uncertainty-and-develop-foresight
U.S. Small Business Administration.(2024). Market research and competitive analysis.
https://www.sba.gov/business-guide/plan-your-business/

market-research-competitive-analysis

03
전략적 우선순위와 자원 배분

전략이 목표를 세우는 일이라면, 실행은 선택의 연속이다. 한정된 자원과 수많은 과제 속에서 조직은 무엇을 먼저 하고, 무엇을 하지 않을지를 결정해야 한다. 아이젠하워 매트릭스와 GE-매킨지 매트릭스는 이러한 전략적 우선순위를 구조화하는 도구다. 생성형 AI는 이 분석 과정을 자동화하고, 다양한 실행 시나리오를 시뮬레이션함으로써 자원 배분을 더욱 정교하게 설계할 수 있도록 돕는다.

AI와 난임 극복?

아이젠하워 매트릭스: 긴급함과 중요함 사이에서 전략적 균형 찾기

전략적 의사 결정은 단지 목표를 설정하는 것이 아니라, 수많은 일 속에서 '무엇을 먼저 해야 하는가'를 판단하는 능력이다. 특히 변화가 빠르고 업무량이 많은 조직 환경에선 모든 일이 중요하고 급해 보인다. 이럴 때 유용한 도구가 바로 아이젠하워 매트릭스다. 이 프레임워크는 미국 제34대 대통령 드와이트 아이젠하워의 사고방식에서 유래했으며, 일을 '중요도'와 '긴급도'를 기준으로 네 가지로 나누어 우선순위를 명확히 해 준다(Mailchimp, n.d.).

구조는 간단하다. 가로축엔 '긴급성', 세로축엔 '중요성'을 놓고, 네 가지로 분류한다. 긴급하고 중요한 일은 즉시 처리, 중요하지만 긴급하지 않은 일은 계획, 긴급하지만 중요하지 않은 일은 위임, 둘 다 아닌 일은 버려야 한다. 단순한 시간 관리 도구처럼 보일 수 있지만, 조직의 자원 배분과 전략 수립에도 효과적으로 활용된다.

실제로 많은 조직이 주간 회의에서 이 매트릭스를 사용한다. 팀원들은 각자의 과제를 네 분면에 나누어 공유하고, 리더는 이를 바탕으로 자원 배분과 우선순위를 결정한다. 한 디지털 마케팅 팀은 매트릭스를 도입한 뒤,

'즉시 처리 요청'의 대부분이 실제론 중요도가 낮다는 점을 발견했고, 장기 과제인 콘텐츠 리뉴얼을 다시 우선순위에 올릴 수 있었다(Inabo, 2023).

이 프레임워크의 강점은 '하지 말아야 할 일'을 분명히 보여 준다는 것이다. 많은 전략 도구가 '해야 할 일'에만 초점을 맞추지만, 아이젠하워 매트릭스는 불필요한 보고서 작성, 실적과 무관한 행사 준비처럼 '의미 없는 반복'을 제거하도록 유도한다. 구성원들은 이를 통해 시간과 에너지의 낭비를 줄이고, 자신의 업무 가치를 되돌아보게 된다.

물론 이 도구를 비판 없이 사용할 순 없다. 긴급성과 중요성은 절대적 기준이 아니며, 상황과 역할에 따라 달라질 수 있다. 같은 'SNS 피드백 대응'도 어떤 팀에겐 가장 중요하고 긴급할 수 있지만, 다른 팀에겐 그렇지 않을 수 있다. 따라서 적용 전에는 조직의 미션, 핵심성과지표(KPI, Key Performance Indicator), 전략적 우선순위와의 연결을 충분히 검토해야 한다.

오늘날 기업 환경은 복잡하고 예측이 어렵다. 모든 일이 중요하게 느껴질 수 있지만, 선택은 결국 '모든 것'을 하는 것이 아니라 '진짜 중요한 것'을 제대로 해내는 일이다. 아이젠하워 매트릭스는 바로 이 질문을 가능하게 해 준다. "지금 이 일이 정말 중요한가, 아니면 단지 급해 보일 뿐인가?" 이 단순한 물음이 전략적 사고를 다시 시작하게 만드는 계기가 된다.

GE-매킨지 매트릭스: 다각도의 우선순위 판단과 자원 배분 전략

우선순위를 정한다는 것은 곧 자원을 어디에 집중할지를 결정한다는 말이다. 전략 수립이란 결국 한정된 시간과 예산, 인력을 어떻게 배분하느냐의 문제다. 특히 여러 사업부나 제품군을 운영하는 기업이라면, 무엇을 강화하고 무엇을 축소할지를 체계적으로 판단해야 한다. GE-매킨지 매트릭스는 바로 이런 전략적 결정을 위한 도구다. 1970년대 제너럴 일렉트릭(GE)과 매킨지가 공동 개발한 이 매트릭스는 시장 매력도와 사업 경쟁력을 기준으로 3×3의 그리드에 각 사업 단위를 배치한다(McKinsey, 2008).

이 프레임워크의 핵심은 단순한 분류가 아닌, 평가 기준의 정교함이다. 시장 매력도는 성장률, 진입 장벽, 수익성, 기술 변화 속도 등으로 측정하고, 사업 강점은 점유율, 브랜드, 유통망, 생산 효율성 등 다양한 요소를 포함한다. 이 덕분에 단순한 성장률·점유율 중심의 BCG

매트릭스보다 훨씬 복합적이고 현실적인 판단이 가능하다. 예컨대 비슷한 점유율을 가진 두 제품이라도, 하나는 브랜드 충성도와 유통 채널이 탄탄하고, 다른 하나는 공급망 문제를 안고 있다면 전략은 달라져야 한다(Wikipedia, 2024).

이 매트릭스는 아홉 개의 박스로 결과를 도출한다. 시장 매력도와 경쟁력이 모두 높은 사업은 '성장 투자(Grow/Invest)' 대상으로 자원 집중이 필요하다. 반대로 두 기준이 모두 낮은 사업은 '철수(Divest)' 또는 '수익화(Harvest)' 대상으로, 단기 수익을 추구하거나 철수를 고려할 수 있다. 나머지 사업들은 선별적 투자나 유지 대상으로 분류된다. 이를 통해 경영진은 전체 포트폴리오를 시각적으로 정리하고, 자원 배분을 더욱 전략적으로 설계할 수 있다.

예를 들어 한 전자 제품 회사는 다양한 제품군에 대해 마케팅 예산과 R&D 자원을 어디에 쓸지 고민했다. GE-매킨지 매트릭스를 활용해 평가한 결과, 프리미엄 공기청정기는 시장은 작지만, 수익성과 고객 충성도가 높아 집중 투자 대상으로 분류되었고, 반면 보급형 믹서기는 치열한 경쟁과 낮은 수익률로 철수 결정이 내려졌다. 이러한 판단은 단순한 감이 아닌, 데이터 기반 평가에 근거

했기에 조직 내 합의도 쉽게 이루어졌다.

이 매트릭스는 단기 결정뿐 아니라 중장기 전략에도 유용하다. 특히 변화가 빠른 산업에서는 현재 경쟁력뿐 아니라 미래 잠재력도 고려해야 한다. 정적인 해석을 넘어서, 시장 변화나 기술 혁신에 따라 사업 단위가 어떻게 이동할지를 가정하는 '동적 활용'이 중요하다. 예컨대 지금은 시장 매력도가 낮아도, 향후 성장 가능성이 있는 사업이라면 전략적 옵션을 유지할 필요가 있다.

생성형 AI를 활용한 전략적 우선순위 결정과 자원 배분

우선순위를 정한다는 건 곧 포기의 결정을 수반한다. 특히 전략적 판단 상황에서는 그 무게가 훨씬 무겁다. 프로젝트 우선순위 설정, 시나리오 비교, 자원 배분 계획 등에서 AI는 강력한 조력자가 된다.

우선순위를 결정할 때 가장 큰 장애물은 정보 과잉이다. 선택지는 좁혀야 하는데, 너무 많은 정보가 오히려 판단을 방해한다. 이때 AI는 복잡한 데이터를 구조화한다. 예를 들어 10개의 전략 과제에 대해 예상 예산, 기대효과, 리스크, 전략 적합도를 입력하면, AI는 이를 종합해 가중치를 반영한 우선순위 목록을 생성하고, 각 과제가 상위에 오른 이유도 설명할 수 있다(StratPilot, 2024). 이는 전략 회의의 시작점을 빠르게 설정해 준다.

전략적 의사 결정의 또 다른 핵심은 시나리오 비교다. A 안과 B 안 중 무엇이 더 나은지를 판단하기 위해, 과거에는 리서치와 의견 수렴에만 며칠이 걸렸다. 하지만 생성형 AI는 다양한 기준(시장 규모, 경쟁 강도, 규제 환경 등)을 기준으로 시나리오별 비교표를 수 분 내로 생성할 수 있다(Bodell, 2023). 이 표를 기반으로 전략가는 현실성과 정합성을 검토하며 결정을 내릴 수 있다.

자원 배분 영역에서도 AI의 활용은 효과적이다. 수많은 과제를 동시에 관리하는 조직에서 예산과 인력은 항상 한정되어 있다. 이때 AI는 전략적 중요도, 마감 기한, 수익성 등을 종합해 최적 자원 배분안을 제안한다. '예산 10억, 인력 15명, 5개 프로젝트, 기간 3개월' 같은 조건을 입력하면, 가장 효율적인 배분 시나리오를 보여 준다(Triskell Software, 2023). 경험과 직관에 의존하던 기존 방식과 달리, 데이터 기반 접근이 가능해진 것이다.

생성형 AI를 잘 활용하는 전략가들은 몇 가지 공통된 방법을 쓴다. 첫째, AI 입력 데이터는 단순한 목록이 아니라 맥락 · 제약 조건 · 정성적 정보까지 포함해야 한다. 둘째, AI와의 반복 대화를 통해 사고를 정제한다. "예산을 절반으로 줄이면 어떤 과제가 밀리는가?", "지속 가능성을 반영한 과제는?" 같은 질문을 던지며 판단의 폭을 좁힌다(Taylor, 2023). AI는 정답을 주는 기계가 아니라, 전략적 사고를 자극하는 대화 파트너다.

AI는 예측과 분석에는 뛰어나지만, 조직 문화, 직관, 정치적 관계 같은 맥락은 완전히 반영하지 못한다. 예를 들어 수익성은 낮지만, 장기적 비전과 일치하는 프로젝트를 AI가 추천하지 않을 수 있다. 이럴 때는 숫자가 아니라 조직의 철학과 방향이 기준이 되어야 한다(D'Amico et al., 2025).

AI는 전략가를 대체하진 않지만, 전략 수립의 '생산성 증폭기'가 될 수 있다. 과거 일주일 걸리던 자료 수집과 분석이 이제 몇 시간 만에 끝난다. 이로써 전략가는 더 다양한 시나리오를 검토하고, 더 넓은 기준으로 비교 평가할 수 있다. 또한 전략에 익숙하지 않은 실무자도 AI와의 대화를 통해 자기의 생각을 구조화해 볼 수 있다.

결국 전략의 본질은 '선택'이고, 좋은 선택은 좋은 비교와 사고 실험에서 시작된다. 생성형 AI는 그 과정을 더 빠르고 깊게, 부담 없이 만들어 준다. 이제 전략가는 AI가 정리한 데이터를 바탕으로, 그것을 조직의 언어로 번역하고, 사람을 설득하는 데 더 많은 에너지를 쓸 수 있다. 데이터는 AI가 만들고, 의미는 사람이 만든다. 이 협업이야말로 AI 시대 전략 수립의 새로운 기본형이다.

참고문헌

Bodell, L.(2023). Your cheat sheet for using AI in strategic planning. Forbes. https://www.forbes.com/sites/lisabodell/2023/07/10/your-cheat-sheet-for-using-ai-in-strategic-planning/

Inabo, S.(2023). The eisenhower matrix guide. Float, https://www.float.com/resources/guide-to-eisenhower-matrix

Mailchimp(n.d.). The importance of a prioritization matrix for your team. https://mailchimp.com/resources/prioritization-matrix/

McKinsey & Company(2008). Enduring ideas: The GE-McKinsey nine-box matrix. https://www.mckinsey.com/capabilities/strategy-and-corporate-finance/our-insights/enduring-ideas-the-ge-and-mckinsey-nine-box-matrix

D'Amico, A., et al.(2025). How AI is transforming strategy development. McKinsey & Company. https://www.mckinsey.com/capabilities/strategy-and-corporate-finance/our-insights/how-ai-is-transforming-strategy-development

Taylor, K. T.(2023). Top AI prompts to boost business efficiency and innovation. New Horizons. https://www.newhorizons.com/resources/blog/ai-prompts

-for-business-research
StratPilot(2024). AI tools for strategic prioritization.
https://stratpilot.ai
Triskell Software(2023). AI for project and portfolio management: Tools, use cases and examples of Chat GPT prompts.
https://triskellsoftware.com/blog/ai-project-management
Wikipedia(2024). GE multifactorial analysis.
https://en.wikipedia.org/wiki/GE_multifactorial_analysis

04
내부 역량 분석과 실행 정렬

전략은 방향을 제시하지만, 실제로 움직이는 힘은 조직 내부의 역량과 정렬에서 나온다. VRIO와 SWOT은 경쟁 우위를 식별하는 도구이고, 가치 사슬 분석은 내부 활동의 흐름 속에서 전략 실행의 실마리를 찾는 구조다. 생성형 AI는 이 분석 과정을 자동화하고, 숨은 강점과 병목을 식별하며 전략과 실행을 더욱 정밀하게 연결한다.

AI와 사주?

브리오와 스왓의 통합적 활용: 내부 자원에서 시작하는 경쟁 우위 전략

경쟁 우위라고 하면 흔히 외부 요인이 먼저 떠오른다. 더 좋은 시장 포지션, 강한 브랜드, 독보적인 기술력 등이다. 그러나 진정한 경쟁 우위는 외부가 아닌, 내부에서 비롯한다. 기업이 보유한 자원과 역량이 얼마나 독특하고 활용 가능한지를 분석할 때, 지속 가능한 경쟁 우위가 만들어진다. 바로 이 지점에서 브리오(VRIO) 프레임워크와 스왓(SWOT) 분석의 결합이 유효하다.

브리오는 내부 자원을 네 가지 기준–가치(Value), 희소성(Rarity), 모방 난이도(Imitability), 조직화(Organization)–으로 평가해 경쟁 우위 가능성을 판단하는 도구다(Milsom, 2022). 예를 들어 한 기업이 특허를 보유하고 있고, 그 기술이 시장에서 고객에게 실질적인 가치를 제공한다면 '가치' 조건은 충족된다. 하지만 경쟁사도 쉽게 개발할 수 있다면 '희소성'이나 '모방 난이도' 조건은 만족하지 않을 수 있다. 또한 이 기술을 활용할 내부 구조가 부족하다면, 경쟁 우위로 전환되기 어렵다.

스왓 분석은 브리오보다 시야가 넓다. 강점(Strengths), 약점(Weaknesses), 기회(Opportunities), 위협(Threats)을 통해 내부와 외부를 동시에 조망한다. 하지만 스왓은 추상적이거나 일회성 분석에 그치기 쉽다. 이때 브리오와 연결하면 실효성이 높아진다. 예를 들어 스왓 분석에서 도출된 '강점'을 브리오의 네 가지 기준으로 검토하면, 그 강점이 전략적으로 실질적 가치가 있는지 확인할 수 있다(Messineo, 2023).

이 접근은 실무에도 효과적이다. 한 글로벌 소비재 기업은 신제품 개발을 앞두고 연구 개발(R&D) 역량을 스왓상 강점으로 파악했다. 그러나 브리오로 분석하자, 기술은 뛰어나지만 시장 가치가 낮거나, 상업화 구조가 약하다는 약점이 드러났다. 이에 따라 마케팅 · 생산 · 유통 등 전사적 구조를 재정비했고, 이 과정을 통해 단순한 '역량'이 진짜 '경쟁 우위'로 연결될 수 있었다(Appinio Research, 2024).

브리오는 스왓의 약점과 위협 항목에 대해서도 구체적인 전략적 로드 맵을 제공한다. 많은 조직이 '약점'을 단순한 부족함 정도로 인식하지만, 브리오는 그것이 경쟁 우위를 막는 구조적 결핍일 수 있음을 보여 준다. 예를 들어 고객 데이터를 보유하고도 분석 인프라가 없다면, 이는 단지 기술 부족이 아니라 '조직화' 요건의 부재다. 이 문제는 단순한 툴 도입이 아니라, 인재 육성, 데이터 체계화, 협업 구조 정비로 해결해야 한다.

결국 브리오는 스왓의 추상성을 보완하고, 스왓은 브리오의 한계를 넓힌다. 하나는 분석의 구조를 제공하고, 다른 하나는 전략의 맥락을 더해 준다. 이 둘은 상호보완적인 도구로, 내부 자원을 전략 자산으로 전환하는 데 효과적이다. 그리고 그 중심에는 늘 하나의 질문이 있다. "이 강점은 정말 경쟁 우위로 이어질 수 있는가?"

이 질문에 명확히 답할 수 있는 기업만이, 쉽게 모방당하지 않는 전략을 만들 수 있다.

가치 사슬 분석: 내부 활동 속에 숨은 경쟁 우위를 찾아내는 법

조직은 하나의 유기체다. 제품 하나가 고객에게 전달되기까지 수많은 활동이 연결돼 있고, 그 조합이 곧 경쟁력이다. 그런데 우리는 종종 그 흐름을 당연하게 여기고, 어디서 진짜 가치가 만들어지고 낭비가 발생하는지는 놓치기 쉽다. 가치 사슬 분석은 바로 이 연결 고리를 들여다보는 도구다. 마이클 포터가 제시한 이 프레임워크는 조직 활동을 주 활동과 지원 활동으로 나누고, 각 단계에서의 가치 창출 여부를 분석하게 한다(Stobierski, 2020).

가치 사슬은 다섯 가지 주 활동(내부 물류, 운영, 외부 물류, 마케팅 및 판매, 서비스)과 네 가지 지원 활동(조달, 기술 개발, 인사, 인프라)으로 구성된다. 예컨대 전자 제품 제조 기업은 부품 수급(내부 물류), 조립(운영), 유통(외부 물류), 마케팅, 애프터서비스(A/S)까지 일련의 과정을 통해 고객에게 제품을 전달한다. 이 전체 흐름이 품질, 가격, 브랜드 경험 등 고객 가치를 결정하고, 이를 뒷받침하는 조직 시스템이 기업의 체력을 구성한다.

핵심은 단순한 분해가 아닌 통찰이다. 예를 들어 '운영' 부문 효율이 높아도 '내부 물류'에 낭비가 많다면 전체 수익성은 하락할 수 있다. 반면 마케팅비는 적지만, 고객 응대 경험이 좋아 재구매율이 높다면, 이는 숨은 강점이다. 가치 사슬 분석은 개별 활동이 아닌, 흐름 전체를 통해 경쟁력을 분석한다.

이 분석을 통해 전략적 통찰을 얻은 사례도 많다. 월마트는 유통 구조와 재고 관리 시스템을 혁신해 원가를 낮추고 가격 경쟁력을 확보했고, 애플은 디자인, 마케팅, 고객 서비스 등 상위 활동에서 고부가가치를 창출하며 프리미엄 전략을 강화했다(Kelwig, 2025). 같은 산업에서도 어디에 집중하느냐에 따라 경쟁 우위는 완전히 달라진다.

이 분석은 제조업뿐 아니라 서비스업, 공공 기관에서

도 활용된다. 병원은 진료, 간호, 처방, 사후 관리 등 전체 흐름이 가치 사슬이 되고, 행정 기관은 민원 접수부터 정책 연계까지가 국민 경험을 만드는 흐름이 된다. 중요한 건 '어떤 활동이 진짜 가치 창출에 기여하고 있는가'를 식별하고, 그 지점에 자원을 집중하는 것이다.

생성형 AI를 통한 경쟁 우위 확보: 빠르게 읽고 깊게 대응하는 전략적 전환점

경쟁 우위는 단지 더 좋은 제품만으로 만들어지지 않는다. 더 빠르게, 더 똑똑하게 움직이는 데서 비롯한다. 변화가 빠르고 경쟁이 치열한 환경에선 정보를 먼저 읽고, 정확히 해석해 전략으로 전환하는 속도가 곧 경쟁력이다. 바로 이 지점에서 생성형 AI는 전략의 도구를 넘어, 경쟁 우위를 설계하는 핵심 기술로 떠오르고 있다. 단지 시간을 절약하는 것이 아니라, 정보 활용 방식과 전략 수립의 전 과정을 변화시킨다.

과거에는 경쟁사 분석이나 외부 정보 수집에 수일이 걸렸다. 신제품 반응, 마케팅 전략 변화 등을 파악하느라 시간과 인력이 소모됐고, 실무 적용 시점엔 이미 상황이 달라져 있곤 했다. 지금은 다르다. 생성형 AI는 뉴스, SNS, 리포트, 공공 데이터를 실시간으로 탐색하고 특정 기업이나 산업의 핵심 인사이트를 자동 정리한다(Hoffman, 2024). 이는 단순 요약이 아닌, 전략 변화의 신호를 조기에 포착하고 선제 대응할 수 있는 기반이 된다.

예를 들어 한 소비재 기업이 주요 경쟁사의 광고 메시지 변화를 분석하려 한다면, "최근 3개월간 브랜드 X의 메시지와 소비자 반응을 알려 줘"라는 요청만으로, AI는 SNS, 광고, 리뷰, 검색 트렌드를 종합 분석해 결과를 제시한다. 이로써 정보 수집 속도는 물론 의사 결정의 민첩성도 극적으로 향상한다.

AI는 시나리오 시뮬레이션에서도 강력하다. 시장 진입 전략, 공급망 충격 대응, 수익률 변화 등 다양한 가정에 따른 전략 초안을 자동 생성하고, 후속 질문을 통해 대안 시나리오를 세분화할 수 있다(D'Amico, 2025). 과거 수일 걸리던 보고서 작업이 단시간 내에 이루어지며, 경영진은 초안을 토대로 더 깊이 있는 논의를 이어 갈 수 있다.

또한 AI는 외부뿐 아니라 내부 경쟁력 분석에도 쓰인다. 기존엔 인터뷰와 수작업 분석에 수개월이 걸리던 일을, AI는 빠른 시간 안에 내부 문서, 회의록, 성과 데이터를 기반으로 스스로 분석하고, 조직의 강점과 개선점을 도출할 수 있다. 한 금융 기관은 글로벌 확장 프로젝트

회고를 위해 AI를 도입했고, AI는 '현지 파트너십'과 '민첩한 실행력'을 성공 요인으로, '커뮤니케이션 부족'을 실패 원인으로 지목해 이후 조직 개편의 핵심 자료로 활용되었다.

AI는 스왓과 브리오 분석에도 활용된다. "연구 개발(R&D) 부서를 스왓 방식으로 평가해 줘"라는 질문에, AI는 내부 자료와 외부 인식 데이터를 바탕으로 '강점, 약점, 기회, 위협'을 구조화해 제시하고, 실무자는 이를 전략 토론의 출발점으로 활용할 수 있다(UW-Madison CPED, 2023).

또한 전략 커뮤니케이션에도 변화가 생긴다. 과거엔 전략 문서 작성에 수일이 걸리고, 데이터 해석에 배경지식이 필요했지만, 이제 AI는 주요 수치를 요약하고 시각화하며, 핵심 내용을 요약해 전달력을 높인다.

이제 생성형 AI는 전략 수립의 '조수'가 아니라, 경쟁우위를 설계하는 파트너다. 정보가 무기인 시대, 더 빠르고 넓고 깊게 정보를 다룰 수 있는 역량은 곧 차별화의 시작점이다. 그 무기를 어떻게 전략 언어로 번역하느냐는, 여전히 사람의 역할이다. 이 균형 위에서 진짜 경쟁우위는 탄생한다.

참고문헌

Appinio Research(2024). VRIO framework: Definition, analysis, examples. Appinio Blog. https://www.appinio.com/en/blog/market-research/vrio-framework

Business News Daily(2022). Value chain analysis basics. https://www.businessnewsdaily.com/15702-value-chain-analysis.html

D'Amico, A., et al.(2025). How AI is transforming strategy development. McKinsey & Company. https://www.mckinsey.com/capabilities/strategy-and-corporate-finance/our-insights/how-ai-is-transforming-strategy-development

Messineo, R. J.(2023). VRIO analysis: The framework to identify competitive advantages. ClearPointStrategy Blog. https://www.clearpointstrategy.com/blog/vrio-framework

Hoffman, S.(2024). 4 ways generative AI is transforming consulting and corporate strategy. AlphaSense Blog. https://www.alpha-sense.com/blog/trends/generative-ai-transforming-consulting-corporate-strategy/

Milsom, J.(2022). VRIO v SWOT v Value Chain v RBV v PESTEL. i-nexus Strategy Blog. https://blog.i-nexus.com/vrio-v-swot-v-value-chain-v-rbv-v-pestel

Stobierski, T.(2020). "What is a value chain analysis? 3 steps." Harvard business school online. https://online.hbs.edu/blog/post/what-is-value-chain-analysis

UW-Madison CPED(2023). Three strategic ways to use generative AI for business strategy. https://blog.uwcped.org/three-strategic-ways-to-use-generative-ai-for-business-strategy/

Kelwig, D.(2025). Value chain analysis: Definition, examples, types, and more. Zendesk Blog. https://www.zendesk.com/blog/value-chain-analysis/

05
비즈니스 모델 혁신

전략은 방향이지만, 비즈니스 모델은 그 방향으로 움직이는 구조다. 비즈니스 모델 캔버스와 블루 오션 전략은 이러한 구조를 시각화하고 재설계하기 위한 프레임워크다. 생성형 AI가 이 구조화 과정에 개입함으로써, 아이디어 생성, 수익 모델 시뮬레이션, ERRC 분석까지 전략 설계를 실험할 수 있는 프로토타이핑 과정으로 바뀌고 있다. 혁신은 더 이상 감에 의존하지 않는다. AI와 함께 반복되고 소정되는 설계로 완성된다.

AI와 아이돌?

비즈니스 모델 캔버스: 구조를 그려야 혁신이 보인다

좋은 아이디어가 곧 좋은 사업이 되는 건 아니다. 제품은 훌륭한데 고객이 없고, 고객은 있는데 수익이 안 나며, 기술은 앞서도 조직은 따라오지 못하는 경우가 많다. 그래서 우리는 묻는다. “이 사업은 실제로 어떻게 굴러가는가?” 이 질문에 구조적으로 답하게 해 주는 도구가 비즈니스 모델 캔버스(BMC, Business Model Canvas)다. BMC는 조직이 가치를 창출하고 전달하며 수익을 얻는 과정을 9개의 블록으로 시각화하는 프레임워크다(Jurevicius, 2024).

BMC의 장점은 단순함과 완결성이다. 고객 세그먼트, 가치 제안, 유통 채널, 고객 관계, 수익 흐름, 핵심 활동, 자원, 파트너, 비용 구조, 이 9개 요소를 하나의 캔버스에 배치하면 사업의 전체 구조가 한눈에 들어온다. 이 블록들은 서로 연결돼 있어, 고객이 바뀌면 가치 제안도 바뀌고, 유통 채널과 수익 모델도 조정되어야 한다. 그래서 BMC는 아이디어를 구조로 전환하는 데 매우 효과적이다.

스타트업은 이를 통해 빠르게 아이디어를 점검하여 투자자에게 설명할 수 있고, 대기업은 기존 사업 포트폴리오 재구성이나 신규 사업 기획에 활용한다. 제너럴 일렉트릭(GE), 피앤지(P&G), 네슬레(Nestlé) 같은 글로벌 기업들도 전략 수립 도구로 BMC를 사용한다(Osterwalder, 2013). 산업과 규모를 불문하고 BMC는 널리 활용되는 '전략적 시각화 툴'이다.

그리고 지금, 이 도구를 더 빠르고 정밀하게 다룰 수 있게 해 주는 존재가 있다. 바로 생성형 AI다. 많은 조직이 BMC를 설계할 때 챗지피티나 클로드를 활용하고 있다. 'B2B SaaS(Business to Business Software as a Service) 고객 세그먼트 예시', '구독 서비스의 수익 모델 아이디어' 같은 프롬프트에 AI는 수 초 만에 다양한 제안을 생성한다. 기존엔 며칠 걸리던 작업이 AI 덕분에 몇 시간 안에 가능해졌다(Usher, 2023).

AI는 각 요소 간 연결성 시뮬레이션에도 유용하다. 예컨대 "가치 제안을 바꾸면 수익 모델에 어떤 영향이 있을까?" 같은 질문에 AI는 연관 요소를 분석해 보여 준다. 덕분에 BMC는 단순한 도표가 아닌, '움직이는 전략 모델'로 확장한다. 조직은 이제 실시간으로 다양한 모델을 생성하고 비교하며 빠르게 방향을 잡을 수 있다.

오스터발더(Osterwalder)는 "비즈니스 모델 설계는 팀 스포츠"라 했다. AI는 그 경기를 빠르게 시작하게 해 주는 도구일 뿐, 실제 전략 방향을 정하는 건 여전히 사람의 몫이다.

BMC는 혁신을 구조화하는 프레임이다. 아이디어를 구조로 바꾸고, 그 구조를 실험하고, 전략으로 연결하는 과정에서 생성형 AI는 큰 도움을 준다.

블루 오션 전략: 경쟁을 피하는 것이 최고의 전략일 때

많은 전략은 경쟁을 전제로 한다. 더 나은 제품, 더 낮은 가격, 더 빠른 서비스를 통해 경쟁자를 이기는 방식이다. 그러나 경쟁 자체를 피할 수 있다면? 블루 오션 전략은 바로 이 상상에서 출발한다. 레드 오션이 피로한 경쟁 시장이라면, 블루 오션은 아직 누구도 가지 않은 수요의 공간이다(Kim & Mauborgne, 2004).

이 전략의 핵심은 가치 혁신이다. 단순히 품질을 높이거나 비용을 줄이는 것이 아니라, 고객에게 전혀 새로운 가치를 제공하면서 동시에 원가 구조도 혁신하는 것이다. 이를 위한 대표 도구가 ERRC 그리드다. 제거(Eliminate), 축소(Reduce), 강화(Raise), 창출(Create)의 네 가지 질문을 통해 기존 산업 규칙을 재구성한다.

블루 오션 전략은 예측이 아닌 상상에서 출발한다.

"이 산업에서 당연하게 여겨지는 것들이 정말 꼭 필요한 것일까?", "지금까지 제공하지 않았지만, 고객이 진짜로 원하는 건 무엇인가?" 이러한 질문에 답할 때, 새로운 시장은 열린다.

이 전략을 현실화하는 데 생성형 AI는 큰 역할을 한다. 예컨대 "숙박 산업에서 ERRC 프레임워크 기반 전략을 제안해 줘"라는 질문에 AI는 기존 호텔의 약점, 고객 불만, 신기술 트렌드를 분석해 혁신 방향을 제시한다. 물론 AI의 제안이 곧 정답은 아니다. 그러나 '프레임 바깥 사고'를 자극하는 데 탁월하다(Montevirgen, 2023).

AI는 경쟁 강도를 시각화하고, 그 너머의 미충족 수요를 탐색하게 돕는다. 고객 리뷰, 소셜 트렌드, 제품 기능 분석 등을 통해 기존의 경쟁 범주를 재정의할 수 있다. 예컨대 "치킨 프랜차이즈 산업에서 제거 가능한 요소는?", "아직 고객이 발견하지 못한 가치는?" 같은 질문을 통해 전략적 창의성이 촉진된다.

실무에선 AI가 ERRC 그리드 초안을 만들고, 경쟁자의 공통 기능이나 반복되는 고객 불만을 추출하는 데 활용된다. 이는 특히 '제거'와 '창출' 항목 설계에 직접적인 힌트를 제공한다.

무엇보다 중요한 점은, 블루 오션 전략이 이제 반복 가능한 실험이 되었다는 것이다. 과거에는 하나의 아이디어 회의에 의존했다면, 지금은 AI를 통해 다양한 전략 조합을 빠르게 실험하고, 팀 토론을 거쳐 정제할 수 있다. 이는 민첩성과 창의성의 동시 확보를 의미한다.

블루 오션 전략은 "왜 이렇게 해야 하지?"라는 질문을 던지게 한다. AI는 그 질문을 받는 순간, 전략의 지도를 새롭게 그리기 시작한다. 조직은 그 지도를 따라, 아직 아무도 가지 않은 바다로 향할 수 있다.

생성형 AI와 비즈니스 모델 혁신: 아이디어에서 실행까지의 전환 가속화

비즈니스 모델은 단지 '무엇을 팔 것인가'가 아니라, 어떤 문제를 누구를 통해 어떻게 해결하고, 수익을 창출할 것인가에 대한 총체적 구조다. 혁신은 이 구조를 새롭게 정의하는 데서 시작된다. 그러나 많은 조직이 구조 설계 단계에서 멈춘다. 아이디어는 있지만 실행 모델이 없고, 가능성은 보이지만 체계화가 안 된다. 이럴 때 생성형 AI는 아이디어를 모델로 전환하는 데 탁월한 조력자가 된다.

과거엔 새로운 모델을 만들기 위해 브레인스토밍, 시장 조사, 전략 회의 등 시간이 많이 들었다. 이제는 챗지피티나 클로드 같은 AI에 "헬스케어 B2B 모델 캔버스를 작성해 줘"라고 요청하면, 고객 세그먼트부터 수익 모델, 핵심 자원까지 9개 블록을 자동 구성해 제시한다(Kirchberger, 2023). 이는 논의의 출발을 빠르게 만들고 전략적 검토를 가능하게 한다.

특히 AI는 다양한 모델 '버전'을 신속하게 생성한다. 기존엔 한 모델을 수정하며 검토했다면, 이제는 "구독 기반으로 바꾸면?", "Z세대를 주요 고객으로 삼으면?" 같은 질문에 AI가 시뮬레이션을 제공한다. 조직은 이 버전들을 비교해 가장 적합한 구조를 선택하거나 조합할 수 있다.

AI는 외부 사례 비교에도 강하다. "전기차 충전 인프라 스타트업의 수익 모델 예시" 같은 요청에, AI는 수익 공유, 구독형, 광고 기반 등 여러 모델을 정리해 보여 준다. 이는 BMC 작성에 실질적인 참고가 된다. 노션 AI(Notion AI)나 챗지피티를 활용해 관련 자료를 요약하면 전략 수립에 필요한 핵심 정보도 빠르게 확보할 수 있다(Usher, 2023).

AI가 제시한 모델은 어디까지나 출발점일 뿐이며, 조직 고유의 특성과 고객의 실제 요구는 자동으로 반영되지 않는 경우가 많다. 따라서 AI가 만들어 낸 구조를 바탕으로 팀이 의미를 해석하고 맥락에 맞게 조정하는 과정이 필요하다.

AI와의 결합은 단지 속도를 높이는 것을 넘어 전략 대화를 더 활발하게 만든다. 회의는 '무엇을 할까'에서 '이 중에서 무엇이 우리에 적합한가'로 전환된다. 전략은 결국 실천의 문제이고, AI는 설계를 가속하며 실행의 문턱을 낮춘다. 혁신은 이제 막연한 비전이 아니라, 반복 가능한 모델로 현실화한다.

참고문헌

Jurevicius, O.(2024). Business Model Canvas (BMC). Strategic Management Insight. https://strategicmanagementinsight.com/tools/business-model-canvas-bmc/

Kim, W. C. & Mauborgne, R.(2004). Blue ocean strategy. Harvard Business Review. https://hbr.org/2004/10/blue-ocean-strategy

Kirchberger, L.(2023). 75+ ChatGPT prompts you should try for idea generation in innovation. ITONICS Innovation Blog. https://www.itonics-innovation.com/blog/chatgpt-prompts-for-ideation

Montevirgen, K.(2023). The stock investor's guide to blue ocean strategy: Dive into innovation without getting bitten. Britannica Money. https://www.britannica.com/money/blue-ocean-strategy-

explained
Osterwalder, A.(2013). A better way to think about your business model. Harvard Business Review. https://hbr.org/2013/05/a-better-way-to-think-about-yo
Usher, T.(2023). Accelerating business model innovation with GenAI. Slalom Insights. https://www.slalom.com/us/en/insights/accelerating-business-model-innovation

06
고객 중심 전략과 마케팅 퍼널의 재설계

고객은 더 이상 단순한 소비자가 아니다. 브랜드와 상호작용하며 경험을 만들고, 이를 공유하며 영향력을 행사한다. 고객 여정 지도와 진화된 마케팅 퍼널은 이러한 흐름을 구조화하는 도구다. 생성형 AI는 이 복잡한 여정을 전략적으로 설계하고, 실시간으로 조정할 수 있도록 지원한다. 고객 경험이 곧 경쟁 우위가 되는 시대, 전략은 고객의 눈으로 다시 그려져야 한다.

AI와 야구?

고객 여정 지도: 고객 경험의 전체 흐름을 보는 전략적 시야

고객 경험은 더 이상 고객 지원 팀만의 문제가 아니다. 고객은 광고를 본 순간부터, 제품 사용 전 과정에 걸쳐 브랜드를 경험한다. 문제는 조직이 이 흐름을 구조적으로 보지 못한다는 데 있다. 고객은 연속된 여정을 걷지만, 조직은 이를 부서별로 쪼개서 본다. 마케팅은 광고 클릭까지, 영업은 계약까지, 고객 지원은 불만 접수 이후만 본다. 이 단절을 극복하게 해 주는 도구가 고객 여정 지도(CJM, Customer Journey Map)다(NICE, 2025).

CJM은 고객이 브랜드와 상호작용을 하는 전체 과정을 시각화하는 프레임워크다. 보통 인지, 고려, 구매, 사후 관리의 네 단계로 나눠 각 단계에서 고객의 행동, 감정, 기대를 정리한다. 예를 들어 이커머스(eCommerce) 고객은 SNS 광고를 보고, 웹사이트에서 리뷰를 읽고, 결제하고, 배송을 기다린다. CJM은 이 흐름을 정리하고 접점(touchpoint)마다의 마찰과 만족 요소를 파악하게 해 준다(Atlassian, 2023).

B2C(Business to Consumer)와 B2B(Business to Business) 여정은 구조가 다르다. B2C는 개인 중심, 빠른 결정, 짧은 여정이고, B2B에서는 구매 결정이 개인이

아닌 여러 부서의 협의를 통해 이루어지며, 그 과정에서 다양한 이해관계자와 절차가 개입되어 복잡하고 시간이 오래 걸리는 경향이 있다. 따라서 B2B CJM은 훨씬 복합적으로 설계되어야 한다.

CJM의 가장 큰 가치는 문제 지점을 드러내는 데 있다. 마케팅, 고객 지원, 제품 개발로 분리해서 보던 고객 경험을 하나로 통합해 준다. 예컨대 CJM을 통해 결제 단계 이탈률이 높다는 점이 드러나면, 배송비 노출, 회원 가입 강제, 복잡한 결제 시스템 등 이탈의 원인을 분석할 수 있다. 실제로 장바구니 이탈률은 평균 70%에 달한다 (Agius, 2025).

CJM은 고객의 감정을 전략의 일부로 끌어온다. 제품 구매 직후 "잘 산 걸까?" 하는 불안이 생기는데, 이 시점에 배송 알림, 활용 가이드, 환영 메시지를 제공하면 감정이 긍정적으로 전환된다. 이렇게 작은 접점 하나가 전체 경험을 좌우할 수 있다.

생성형 AI는 CJM을 훨씬 민첩하게 만든다. 수천 건의 피드백, 이메일, 상담 기록을 분석해 고객 여정을 요약하고, 자주 등장하는 키워드를 정리한다. 또 '20대 여성과 50대 남성의 구매 여정 차이'를 묻는 요청에, AI는 접점, 행동 패턴, 이탈 지점을 자동 비교해 시각화한다. 이는 마케팅, 사용자 경험(UX, User Experience), 고객 경험 팀 간 협업을 강화해 준다.

무엇보다 AI는 실시간 CJM 업데이트를 가능하게 한다. 기존에는 연 1~2회 워크숍으로 만들고 끝났지만, AI는 고객 데이터를 실시간으로 분석해 여정 변화와 이상 신호를 감지하고, '경고' 표시를 추가한다. 예컨대 반품이 급증한 모델이 있다면 사용 단계에 '불만 증가' 표시가 자동 생성돼 조기 대응이 가능하다.

결국 고객 여정 지도는 단순한 UX 툴이 아니라 전략적 사고 도구다. 생성형 AI는 이를 실시간화, 정밀화하며 협업까지 확장한다. 전략은 고객을 향해야 하고, 그 전략이 유효한지 확인하려면 고객의 여정을 들여다봐야 한다. AI는 그 여정을 더 빠르고 깊게 읽어 내며, 우리는 비로소 고객의 눈으로 전략을 설계할 수 있게 된다.

마케팅 퍼널의 진화: '아이다'에서 충성도 루프와 플라이휠까지

전통적으로 마케팅은 퍼널(funnel) 구조를 중심으로 설계돼 왔다. 고객이 브랜드를 인식하고, 관심을 갖고, 욕구를 느끼며, 구매로 이어지는 일련의 단계를 연결한 구조다. 대표적인 모델이 아이다(AIDA)다. 아이다는 주의

(Attention), 관심(Interest), 욕구(Desire), 행동(Action)의 네 단계를 통해 고객의 심리적 전환 과정을 설명한다(Hanlon, 2023).

아이다는 직관적인 구조 덕분에 오랫동안 캠페인의 기본 틀로 쓰였다. 각 단계에 맞춰 광고, 콘텐츠, 채널 전략을 구성해 고객의 주의를 끌고, 흥미를 자극하며, 행동을 유도할 수 있었다. 하지만 아이다는 '구매 이후'를 고려하지 않는 한계가 있다. 구매를 마지막 단계로 보는 구조 때문에, 그 뒤의 만족, 재구매, 추천 등 고객의 반복적 경험이 전략에 포함되지 않는다. 디지털 시대에 이 한계는 더욱 뚜렷해졌다. 고객은 구매 후에도 브랜드와 지속적으로 상호작용을 하며, 그 경험을 기반으로 다시 평가하고 공유한다(General Assembly, 2018).

이러한 변화 속에서 충성도 루프(Loyalty Loop)와 플라이휠(Flywheel) 모델이 등장했다. 충성도 루프는 구매 후의 경험이 다음 구매로 이어지는 순환 구조를 강조한다. 만족한 고객은 다시 인지 단계로 돌아가지 않고 재구매나 추천으로 바로 연결된다. 매킨지(McKinsey)는 브랜드에 만족한 고객은 이후 경쟁 브랜드를 고려조차 하지 않으며, 자연스럽게 단골로 전환된다고 분석했다(General Assembly, 2018).

플라이휠 모델은 고객을 성과의 결과물이 아니라 성장의 원동력으로 본다. 허브스팟(HubSpot)이 제시한 이 모델은 고객을 중심에 두고 '끌어들이기(Attract)', '관여시키기(Engage)', '감동하게 하기(Delight)'의 단계를 반복 순환시킨다(HubSpot, 2019). 기존 퍼널에서 마케팅-영업-고객 지원이 단절된 구조라면, 플라이휠은 이들이 유기적으로 연결되어 고객 경험 전체를 공동으로 관리한다. 만족한 고객은 입소문, 리뷰, 추천으로 다시 새로운 고객을 유입시키는 동력이 된다.

플라이휠의 핵심은 마찰 제거다. 마찰(friction)은 회전을 방해하는 요소로, 기업은 이를 줄이기 위한 시스템과 문화를 갖춰야 한다. 제품 사용 중 문제 발생 시 신속한 지원, 구매 후 온보딩 콘텐츠, 유용한 추천 기능 등이 모두 플라이휠의 속도를 높인다.

이런 진화는 콘텐츠 전략에도 영향을 미친다. 아이다가 구매 전 콘텐츠에 집중했다면, 플라이휠과 루프는 구매 이후 콘텐츠가 핵심이다. 예를 들어 온보딩 이메일, 활용 가이드, 후기 유도, 커뮤니티 운영 등은 고객 관계 유지를 위한 전략 자산이 된다. 기업들은 고객의 구매 이후 경험을 중시하며, 후기 요청, 맞춤형 정보 제공, 성공 사례 공유 등을 통해 지속적인 관계 형성을 도모하고 있다. 이는 반복 구매와 브랜드 충성도로 이어질 수 있는 중요한 전략이다.

퍼널은 여전히 유용한 전략 도구다. 고객 여정의 초기를 구조화하고 메시지를 정렬하는 데 효과적이다. 그러나 오늘날 마케터는 퍼널로 시작하되, 루프와 플라이휠로 확장하는 사고가 필요하다. 고객은 단발적 전환보다 지속적 관계를 원한다. 마케팅의 초점도 구매 유도에서 관계 형성과 경험 관리로 이동해야 한다.

궁극적으로 충성도 루프와 플라이휠은 마케팅을 '전환 중심'에서 '관계 중심'으로 바꾸는 전략적 패러다임이다. 기존 고객을 만족시키고, 그들이 브랜드를 자발적으로 알리도록 하는 것이 가장 효과적이고 지속 가능한 성장 전략이라는 인식이 널리 확산하고 있다. 마케팅은 이제 고객을 설득하는 기술에서, 고객과 동행하는 여정으로 진화하고 있다.

생성형 AI와 마케팅 전략 수립: 콘텐츠에서 캠페인까지의 혁신

마케팅 전략의 핵심은 연결이다. 고객과 브랜드, 메시지와 감정, 인식과 행동을 연결하는 일이 곧 마케팅이다. 이를 위해서는 단지 좋은 카피나 예쁜 이미지가 아니라,

전략적 사고, 고객 이해, 콘텐츠 운영, 성과 측정 도구가 모두 맞물려야 한다. 이 복잡한 과정을 생성형 AI는 어떻게 바꾸고 있을까? 이 장에서는 콘텐츠 제작, 퍼널 설계, 캠페인 실행의 흐름 속에서 AI가 마케팅 전략에 어떤 역할을 하는지를 살펴본다.

첫째, AI는 콘텐츠의 양과 질을 동시에 높인다. 과거에는 블로그 글 하나에 하루가 걸리고, 이메일 A/B 테스트 문안 3개를 만들기 위해 회의가 필요했다. 지금은 "Z세대 여성을 위한 친환경 패션 제품 소개 글을 발랄하고 간결한 문체로 작성해 줘"라는 프롬프트만으로 3~5개의 버전이 생성된다(Flensted, 2024).

둘째, AI는 개인화 마케팅을 정밀하게 지원한다. 고객 세그먼트별 행동 데이터를 바탕으로, 맞춤형 메시지를 자동 조합해 이메일, 푸시, 랜딩 페이지 등에 활용할 수 있다. 예컨대 '3개월간 재구매하지 않은 고객에게 보낼 이메일'을 요청하면, AI는 신제품 강조 문안, 할인 정보, 이미지 제안까지를 포함한 초안을 제공한다(Harkness, 2023).

셋째, AI는 퍼널 설계와 병목 진단에도 활용된다. 예를 들어 '광고 클릭률은 높은데 전환율이 낮은 이유'에 대해 묻자, AI는 랜딩 페이지 로딩 속도, 상품 설명, 경쟁사 비교 요소 등 다양한 원인을 제안하며 실험 설계를 도와준다. 이는 마케터가 '의심'에서 '실험'으로 사고를 전환하게 만든다.

넷째, AI는 캠페인 실행과 피드백 분석까지 자동화한다. 시작 전에는 타깃별 문안, 시각 콘텐츠, CTA(Call to Action) 초안을 지원하고, 실행 후에는 댓글 분석, 리뷰 요약, 전환 패턴 도출을 수행한다. 노션 AI나 허브스팟 어시스턴트는 이 흐름을 시스템화하여 캠페인의 기획과 실행을 동시에 가속화하고 있다(Notion Labs, 2023; Triskell, 2023).

무엇보다 AI는 전략 회의의 풍경을 바꿨다. 예전엔 초안 문서를 공유하며 회의했지만, 이제 각 팀원이 AI를 활용해 아이디어를 제시하고 회의에서는 비교 · 피드백 · 수정이 바로 이루어진다. 이 방식은 회의의 집중도와 생산성을 극대화한다.

결국 AI는 전략적 창의성의 파트너다. 반복 생산은 AI에 맡기고, 사람은 구조를 설계하고 메시지의 본질을 다듬는다. 마케팅 전략은 이제 '무엇을 말할 것인가'보다 '누구에게, 어떤 순간에, 어떻게 말할 것인가'로 진화하고 있다. 생성형 AI는 이 복잡한 설계를 함께할 수 있는 든든한 동료다.

참고문헌

Agius, A.(2025). Customer journey maps: How to create really good ones [examples + template]. HubSpot. https://blog.hubspot.com/service/customer-journey-map

Atlassian(2023). How to create a customer journey map in 6 simple steps. https://www.atlassian.com/team-playbook/plays/customer-journey-mapping

Flensted, T.(2024). ChatGPT vs. Jasper AI: Which AI writer is best for your business? SEO.ai Blog. https://seo.ai/blog/chatgpt-vs-jasper-ai

General Assembly(2018). Digital marketing 101: How the loyalty loop is replacing the marketing funnel. https://generalassemb.ly/blog/loyalty-loop-replacing-marketing-funnel/

Hanlon, A.(2023). The AIDA Model. Smart Insights. https://www.smartinsights.com/traffic-building-strategy/offer-and-message-development/aida-model/

HubSpot(2019). The flywheel: How the flywheel drives business growth and customer delight. https://www.hubspot.com/flywheel

Harkness, L.(2023). How generative AI can boost consumer marketing. McKinsey & Company. https://www.mckinsey.com/capabilities/growth-marketing-and-sales/our-insights/how-generative-ai-can-boost-consumer-marketing

NICE(2025). Customer journey map examples: A NICE guide. https://www.nice.com/info/customer-journey-map-exam

ples-a-nice-guide
Notion Labs(2023). Using Notion AI.
https://www.notion.so/product/ai
Triskell Software(2023). AI for project and portfolio management: Tools, use cases and examples of Chat GPT prompts.
https://triskellsoftware.com/blog/ai-project-management

07
협상, 계약, 리스크의 전략적 관리

전략은 말로 수립되지만, 실행은 협상과 계약, 리스크 대응 같은 구체적 행위로 완성된다. BATNA와 ZOPA 같은 협상 프레임워크, 계약 관리 체계, FMEA는 전략 실행의 안전성과 일관성을 뒷받침하는 기반이다. 생성형 AI는 시뮬레이션과 자동 분석, 대응 시나리오 제안을 통해 실행 도구의 정밀도와 속도를 높이며, 전략을 현실화하는 조력자로 작동한다.

AI와 윤동주?

효과적인 협상을 위한 '바트나'와 '조파': 전략적 준비의 핵심

협상은 단순한 가격 흥정이나 조건 조율을 넘어선다. 그것은 이해관계를 가진 두 주체가 서로의 목표와 한계를 파악하고, 가능한 최선의 결과를 도출해 내는 복잡한 심리적 · 전략적 과정이다. 이 과정에서 협상의 성공 여부를 가르는 개념이 바로 바트나(BATNA)와 조파(ZOPA)다. 이 두 개념은 단순히 무엇을 '얻을 것인가'가 아니라, 언제 포기하고 어디서 타협할 수 있는지를 판단하는 기준이 된다.

바트나(BATNA, Best Alternative to a Negotiated Agreement)는 협상이 결렬됐을 때 선택할 수 있는 최상의 대안, 즉 차선책이다. 구직자에게 다른 회사의 오퍼나 대학원 진학이 그 예가 될 수 있다. 바트나가 명확할수록 협상에서 자신감을 가질 수 있으며, 상대의 제안이 바트나보다 못하면 협상을 중단하는 것이 더 합리적일 수 있다(Shonk, 2025).

조파(ZOPA, Zone of Possible Agreement)는 양측이 타협 가능한 합의 지대다. 예를 들어 구직자가 최소 연봉으로 7만 달러를, 고용주가 최대 7만5천 달러까지 제시할 수 있다면, 이 5천 달러 구간이 조파다. 조파가 없다면 협상은 성립할 수 없으며, 협상자는 자신의 바트나를 바탕으로 조파 존재 여부를 가늠해야 한다. 이를 위해 직접 대화, 간접 정보, 시장 데이터를 활용한 분석이 필요하다.

바트나와 조파를 이해하는 것은 협상 전략의 핵심이다. 바트나를 명확히 하고, 상대의 바트나를 추정하는 훈련은 현실적 기대치를 설정하고 감정적 결정을 피하게 도와준다. 특히 협상이 길어지며 '합의 자체'가 목표가 되는 딜 피버(deal fever) 상황에서는, 바트나와 조파가 전략적 나침반 역할을 한다(Eidenmüller, 2025).

최근에는 생성형 AI를 활용한 협상 시뮬레이션도 활발하다. 기업은 챗지피티 등으로 가상의 협상을 연습하거나, 특정 시나리오 대응법을 실시간으로 피드백받는다. 예를 들어 "경쟁사 조건을 언급하며 가격 인하를 요구하는 고객에게 어떤 응답이 효과적인가?"라는 질문에, AI는 다양한 전략을 제시할 수 있다(Hyperspace, 2024).

또한 AI는 실전 협상 전략 수립에도 기여하고 있다. 구매 담당자가 과거 거래 정보, 시장 데이터, 공급사 평가를 입력하면, AI는 더 강력한 바트나를 구성하거나, 대체 공급자 리스트를 추천한다. 과거 협상 데이터를 기반으로 상대방의 양보 패턴을 분석해 조파 예측도 가능하다(Deloitte, 2023).

예를 들어 월마트(Walmart)는 AI 협상 챗봇으로 일부 공급사와 협상했고, 75%의 공급사가 인간보다 AI를 선호했다. 이 시스템은 반복 협상을 효율화해 평균 3% 이상 비용을 절감했다. 전략적 결정은 사람이 하되, 반복적 교환은 AI가 맡는 구조로 협상 과정 전반의 효율성이 더욱 높아졌다(Bloomberg, 2023).

결국 협상에서 중요한 건 언변이 아니라 구조화된 전략이다. 바트나는 협상의 바닥선, 조파는 타협의 창을 제시한다. 그리고 AI는 이 전략을 연습하고, 실제 데이터를 바탕으로 정밀하게 구현할 수 있는 도구다. 협상이 더 이상 '설득의 기술'이 아니라, '현실을 분석하고 기회를 설계하는 일'이라면, 그 출발점은 바트나와 조파여야 한다.

계약 관리 프레임워크

전략은 말로 시작되지만, 실행은 계약을 통해 구체화한다. 파트너십, 구매, 아웃소싱, 제휴 등 모든 협력은 조건이 명확히 설정되고, 위험이 균형 있게 분담되며, 책임이 문서로 명확히 규정될 때 비로소 실질적인 진전을 이룰 수 있다. 계약은 조직 간 약속을 실현 가능하게 만드는 문서이며, 동시에 전략을 실행 가능한 형태로 고정하는 구조다. 계약을 단지 법무 부서의 업무로만 간주하면 실행이 흔들리기 쉽다. 계약은 전략의 '마지막 문장'이 아니라, 조직 운영의 시작점이다.

계약 관리 프레임워크는 계약의 전 주기—작성, 협상, 체결, 이행, 갱신, 종료—를 체계적으로 운영하는 구조다. 이를 통해 조직은 계약을 단순히 저장하는 데 그치지 않고, 리스크를 관리하고 실행 일정을 추적하며, 전략과 연결된 자원 흐름까지 통제할 수 있다. 예컨대, 계약 만료를 인지하지 못한 채 자원을 배분하면 전략 실행에 혼선이 생긴다. 계약을 문서가 아닌 '프로세스'로 보는 시각이 필요한 이유다.

효과적인 계약 관리를 위해선 표준화와 가시성이 핵심이다. 반복되는 계약[비밀유지계약(NDA), 판매 계약, 라이선스 계약 등]은 템플릿화해 오류를 줄이고, 손해 배상, 위약금, 갱신 조건 등 리스크 항목은 체크리스트로 관리해야 한다. 이렇게 핵심 조항을 구조화하면 실행 중에 발생할 수 있는 충돌을 예방할 수 있다(CBIZ, 2023).

이 과정에서 생성형 AI는 실질적인 혁신을 가능하게 한다. 앨런 앤드 오버리(Allen & Overy)는 마이크로소프트(Microsoft)와 협력해 계약 검토용 AI 시스템을 개발했고, 이 시스템은 수천 건의 계약서를 자동 비교 분석하여 표준 조항과 일치하지 않는 내용을 식별해 준다. 이는 단순한 오류를 넘어서, 전략 실행의 안정성을 높이는 장치다(Allen & Overy, 2023).

AI는 초안 작성에도 활용된다. "SaaS 기반 서비스에 대한 12개월 계약 초안을 작성해 줘. 월 요금제, 데이터 보안, 연간 갱신 옵션 포함"이라는 요청에 AI는 자동으로 협상용 초안을 제시할 수 있다. 특히 법무 인력이 부족한 중견기업에선 이 기능이 실행 속도를 크게 높인다.

또한 AI는 계약 이행도 관리해 준다. 납기일, 서비스 수준 협약(SLA), 정기 검토 일정을 자동 캘린더와 연동하고, 갱신 알림이나 리스크 경고를 제공한다. 피더블유시(PwC)는 AI가 계약서의 비정상적 조건이나 분쟁 가능 조항을 사전 식별해 주는 시스템을 구축 중이라고 밝혔다(PwC, 2023).

계약의 전략적 맥락, 파트너 관계, 리스크 수용 범위는 여전히 사람의 판단이 필요하다. AI는 계약 검토를 자동화하는 것이 아니라, 전략적 계약 설계의 사전 준비를 도와주는 보조자다.

계약은 전략이 실행되는 지점이다. 명확한 조건, 책임 분담, 리스크 관리가 갖춰져야 전략이 실현된다. 계약 관리 프레임워크는 이 구조를 가능하게 하며, 생성형 AI는 이를 더 빠르고 정밀하게 만든다. 전략은 '생각'이 아니라 '구현'이기 때문에, 계약은 실행의 첫 번째 문장이다.

리스크 매트릭스와 FMEA: 생성형 AI와 함께하는 전략적 위험 관리

전략 수립 과정에서 종종 간과하는 영역이 있다. 바로 '리스크 관리'다. 많은 조직이 목표 설정과 실행 계획 수립에는 익숙하지만, 예상되는 문제를 사전에 예측하고 대비하는 데는 취약하다. 하지만 경쟁 환경은 갈수록 불확실해지고 기술과 시장은 빠르게 변화한다. 이때 전략가는 리스크를 회피하지 말고 구조적으로 다뤄야 한다. 이때 쓰이는 대표적인 도구가 리스크 매트릭스와 FMEA(Failure Mode and Effects Analysis)다.

리스크 매트릭스는 '발생 가능성(Likelihood)'과 '영향도(Impact)'의 두 축을 기준으로 3×3 또는 5×5 분면에 리스크를 배치한다. 예를 들어 '공급 지연'은 발생 가능성은 높지만, 영향이 중간이라면 경고 수준이며, '정보 유출'처럼 발생 가능성은 낮아도 영향이 크면 고위험으로 분류된다(SixSigma.us, 2024). 이 매트릭스는 대응의 우선순위를 직관적으로 보여 준다.

FMEA는 개별 프로세스에서 발생 가능한 고장(Failure Mode)을 정의하고, 심각도(Severity), 발생 가능성(Occurrence), 탐지 가능성(Detection)을 각각 점수화해 위험우선순위수(RPN, Risk Priority Number)을 계산한다. RPN이 높을수록 우선 대응해야 한다(ASQ, 2023). 이 방식은 특히 제조, 의료, 항공 분야처럼 정밀도가 중요한 영역에서 활용된다.

리스크 매트릭스는 전반적 포트폴리오를 조망하는데, FMEA는 개별 취약점을 정밀 분석하는 데 유용하다. 하지만 두 방식 모두 리스크 식별과 평가가 사람의 직관에 크게 의존하고, 분석에 시간이 많이 드는 단점이 있다. 이 부분을 생성형 AI가 혁신하고 있다.

인텔(Intel)은 자연어 처리(NLP, Natural Language Processing) 기반 AI를 활용해 수천 건의 정비 로그와 주석 데이터를 분석, 고장 유형을 자동 추출하고 위험우선순위수(RPN)을 계산하는 시스템을 구축했다. 그 결과 수작업 대비 수십 배 빠르게 리스크를 도출할 수 있었다(Chadwick, 2024).

AI는 리스크 매트릭스를 구성하는 시나리오와 점수 분류도 자동화할 수 있다. 프로젝트별 리스크 목록과 근거 데이터를 입력하면, AI는 기준에 따라 분류를 제안하고, 유사 사례와 효과적인 대응 전략도 함께 제시한다(PwC, 2024).

예를 들어 "데이터 유출 대응 방안 세 가지를 제안해 줘. 비용, 난이도, 효과를 비교해 줘"라고 요청하면, AI는 암호화 시스템, 보안 교육, 외부 감리 도입 등을 제안하고 이를 표로 정리해 준다(Mega, 2023). 이는 단순 리스크 인식에서 대응 설계로 전략 수준을 끌어올린다.

또한 AI는 리스크 관리의 '실시간화'를 가능하게 한다. 과거에는 분기 단위 보고서에 의존했지만, 지금은 고객 피드백, 거래 오류, 외부 뉴스 등을 분석해 이상 징후를 실시간 감지하고, 관련 리스크 영역에 경고를 표시할 수 있다. 이는 전략 실행의 민첩성을 크게 높여 준다.

리스크 관리는 전략 실행의 방어막이자 미래 기회를 포착하는 센서다. 생성형 AI는 이를 더욱 정밀하고 민첩하게 만들어 준다. 리스크 관리를 이제는 단순한 계획이 아니라, 실시간으로 반응하는 전략적 시스템으로 재정의해야 한다.

참고문헌

Allen & Overy(2023.2). A&O announces exclusive launch

partnership with Harvey [Press release]. A&O Shearman. https://www.aoshearman.com/en/news/ao-announces-exclusive-launch-partnership-with-harvey

ASQ(2023). Failure mode and effects analysis(FMEA). https://asq.org/quality-resources/fmea

Bloomberg(2023). Walmart is using AI to negotiate the best price with some vendors. https://www.bloomberg.com/news/articles/2023-04-26/walmart-uses-pactum-ai-tools-to-handle-vendor-negotiations

CBIZ(2023). Contractual risk transfer: An overview & key terms. https://www.cbiz.com/insights/articles/article-details/contractual-risk-transfer-an-overview-key-terms

Chadwick, S.(2024). Using natural language processing to streamline manufacturing failure mode and effects analysis. Intel. https://www.intel.com/content/www/us/en/it-management/intel-it-best-practices/using-nlp-to-streamline-manufacturing-fmea.html

Deloitte(2023). How generative AI will transform sourcing and procurement operations: The next disruptor for Source-to-Pay processes is here. https://www2.deloitte.com/us/en/blog/business-operations-room-blog/2023/generative-ai-in-procurement.html

Eidenmüller, H.(2025). Game over: Facing the AI negotiator. Harvard Law Review. https://lawreview.uchicago.edu/online-archive/game-over-facing-ai-negotiator

Hyperspace(2024). Enhancing negotiation strategies with

AI-powered simulations.
https://hyperspace.mv/enhancing-negotiation-strategies-with-ai-powered-simulations/

Icertis(2024). How generative AI is changing contract management.
https://www.icertis.com/learn/how-generative-ai-is-changing-contract-management/

Mega(2023). AI-driven risk assessment in GRC: Enhancing governance through technological intelligence.
https://www.mega.com/blog/ai-driven-risk-assessment-in-grc

Moran, L.(2025). How PwC will use generative AI to assist with legal work.
https://www.legaldive.com/news/pwc-generative-ai-harvey-openai-legal-work-large-language-models/648569/

PwC(2023.5.9). PwC, Microsoft and Icertis launch strategic collaboration to accelerate enterprise digital transformation with AI-powered contract intelligence.
https://www.pwc.com/gx/en/news-room/press-releases/2023/pwc-microsoft-and-icertis-launch-strategic-collaboration.html

PwC(2024.3.7). How GenAI Can Enhance Risk Management.
https://www.pwc.com/us/en/industries/financial-services/library/gen-ai-and-risk-management.html

Shonk, K.(2025). How to find the ZOPA in business negotiations. Harvard PON.
https://www.pon.harvard.edu/daily/business-negotiations/how-to-find-the-zopa-in-business-negotiations/

SixSigma.us(2024). A complete guide to risk prioritization matrix:

Best practices, tools, and more
https://www.6sigma.us/six-sigma-in-focus/risk-prioritization-matrix/

Wakeling, D.(2023). A&O launches SaaS partnership with Microsoft and Harvey. A&O Shearman. https://www.allenovery.com/en-gb/global/news-and-insights/news/ao-launches-saas-partnership-with-microsoft-and-harvey

08
조직 정렬과 협업 역량의 전략적 강화

조직은 전략만으로 움직이지 않는다. 전략이 작동하려면 구조, 문화, 사람, 역할이 함께 정렬되어야 한다. 매킨지 7S 프레임워크는 이 정렬을 진단하는 도구이고, 벨빈 팀 역할 이론은 협업을 설계하는 실천적 틀이다. 생성형 AI는 조직의 구조와 역할 흐름을 데이터 기반으로 분석 · 시뮬레이션하며, 전략 실행에 필요한 유기적 조직 설계를 지원한다.

AI와 한의학?

매킨지 7S 프레임워크: 조직 정렬의 본질을 꿰뚫는 전략적 렌즈

조직이 효과적으로 움직이기 위해선 전략뿐 아니라 이를 뒷받침하는 구조, 시스템, 인재, 문화 등이 함께 정렬돼야 한다. 이 일곱 가지 요소를 통합적으로 다루는 대표 프레임워크가 매킨지 7S 모델이다. 전략(Strategy), 구조(Structure), 시스템(Systems), 공유 가치(Shared Values), 구성원(Staff), 기술(Skills), 스타일(Style)—이 요소들은 서로 연결돼 있으며 하나만 바뀌어도 다른 요소에 영향을 준다(The Strategy Institute, 2024).

7S의 핵심은 '공유 가치'를 중심에 두는 데 있다. 조직의 문화와 신념이 다른 모든 요소를 이끈다. 예컨대 성과 중심 전략을 세워도 조직이 안정성과 질서를 중시한다면 변화는 실패할 가능성이 크다. 디지털 전략을 도입해도 계층적 구조나 수동적 리더십을 유지한다면 실행이 늦어질 수밖에 없다.

변화를 시도할 때 조직은 일곱 가지 요소를 기준으로 현 상태를 점검해야 한다. 시스템은 전략 실행에 맞는가? 인력의 기술 역량은 충분한가? 리더십 스타일은 전략과 맞물리는가? 이렇게 전략을 중심에 두고 다른 요소들을 점검하면, 실행 준비 상태를 빠르게 파악할 수 있다.

생성형 AI는 이 과정을 정밀하고 빠르게 만든다. 전략 문서, 조직도, 업무 프로세스, 인사 관리(HR, Human Resources) 보고서, 설문 결과 등을 분석해 7S 요소별 상태를 자동 정리한다. "전략과 구조가 일치하는가?", "시스템은 전략을 뒷받침하는가?" 같은 질문에 대한 초기 분석도 가능하다(ClickUp, 2023).

이제는 공유 가치와 스타일 같은 추상적 요소도 AI로 가시화된다. 구성원의 언어, 자주 등장하는 키워드, 만족도 조사 문구 등을 분석해 조직 문화와 리더십 인식을 보여 준다. 이는 전략과 문화 간 괴리를 조기에 발견하고 리스크를 줄이는 데 유리하다.

또한 AI는 변화 시뮬레이션도 지원한다. 예컨대 구조를 수평적으로 바꾸면 기술 역량은 어떻게 조정해야 하는지, 공유 가치를 '혁신' 중심으로 바꾸려면 리더십은 어떻게 달라져야 하는지를 제안할 수 있다. 내부 데이터와 유사 기업 사례를 바탕으로 변화 시나리오를 예측할 수 있는 것이다.

7S 프레임워크는 단순한 체크리스트가 아니라 전략 수립 그 자체를 위한 사고 도구다. 조직은 기계처럼 작동하지 않는다. 구성 요소들이 정렬될 때 유기적으로 움직

이며, 생성형 AI는 이 정렬을 확인하고 조율할 수 있는 새로운 손이 되어 간다.

벨빈 팀 역할: 협업을 설계하는 심리적 프레임

조직의 전략이 아무리 훌륭해도, 그것을 실행하는 팀이 잘 작동하지 않으면 성과는 따라오지 않는다. 문제는 '좋은 팀'이 단순히 유능한 사람들의 집합이 아니라는 데 있다. 서로 다른 능력과 성향을 보이는 사람들이 어떤 역할로 협력하는지가 핵심이다. 이 점에서 벨빈 팀 역할 이론(Belbin Team Roles)은 단순한 성격 분석을 넘어, 실질적인 협업 전략을 설계할 수 있는 심리적 프레임워크다(Belbin North America, 2023).

벨빈 모델은 팀 구성원이 발휘하는 '역할 행동'에 주목한다. 벨빈은 사람들이 팀에서 수행하는 행동 패턴을 아홉 가지 역할로 분류했다. 창의적으로 아이디어를 제시하는 창조자(Plant), 판단력 있게 분석하는 평가자(Monitor Evaluator), 추진력 있게 방향을 설정하는 셰이퍼(Shaper), 계획을 실행에 옮기는 실행자(Implementer), 꼼꼼하게 마무리하는 완결자(Completer Finisher), 팀원 간 갈등을 조율하는 팀워크 조성자(Teamworker), 외부 자원을 탐색하는 자원 탐색자(Resource Investigator),

팀의 자원을 조율하는 조정자(Coordinator), 전문적 지식을 제공하는 전문가(Specialist)가 그것이다.

중요한 점은, 이 역할들이 반드시 직무나 직책과 일치하지 않는다는 것이다. 마케팅 팀장이라고 해서 셰이퍼일 필요는 없고, 신입 사원도 팀워크 조성자 역할을 잘할 수 있다. 벨빈 모델은 '사람을 맞추는 게 아니라, 역할을 조합하는 것'이 협업의 핵심이라는 점을 일깨운다.

이 프레임워크의 강점은 실무 적용이 용이하다는 데 있다. 예컨대 프로젝트를 시작하기 전, 팀원이 어떤 역할을 선호하는지를 확인하고 역할 분장을 하면 협업 속도가 달라진다. 창조자가 낸 아이디어를 평가자가 걸러 주고, 실행자가 현실화하며, 완결자가 품질을 관리하고, 팀워크 조성자가 분위기를 잡는다. 이 흐름이 원활하면, 팀은 기능이 아니라 유기체처럼 작동하게 된다. 알리바바(Alibaba)는 실제로 벨빈 모델을 도입해 부서 간 협업을 진단하고, 관리자들의 리더십 개발에 활용한 바 있다(Belbin, n.d.).

생성형 AI는 이 역할 설계와 운영을 더욱 민첩하게 만든다. AI는 팀 회의록, 피드백, 행동 데이터를 분석해 구성원이 어떤 역할 행동을 보이는지 정리해 줄 수 있다. 예컨대 "최근 회의록을 분석해 각 팀원의 역할 행동을 벨빈 유형으로 분류해 줘"라는 요청에 AI는 주도성, 아이디어 빈도, 피드백 유형 등을 기준으로 개인별 성향을 요약한다. 이는 단순한 테스트보다 더 정확한 행동 기반 진단이다.

또한 AI는 프로젝트 성격에 따라 어떤 역할 조합이 효과적인지도 추천할 수 있다. 예컨대 '고객 불만 해결을 위한 태스크포스를 구성하려고 한다'는 요청에 AI는 '팀워크 조성자, 평가자, 완결자' 조합을 제안하고 그 이유를 설명한다. 이는 인사 팀이나 전략 기획자가 실제로 활용할 수 있는 기능이다.

무엇보다 AI는 역할 충돌 가능성을 조기에 감지할 수 있다. 벨빈 모델은 창조자와 셰이퍼처럼 강한 개성을 가진 역할 간의 충돌을 경고한다. AI는 커뮤니케이션 스타일, 회의 중 대립 빈도, 피드백 태도를 분석해 '이 팀은 창조자와 셰이퍼 간 충돌 가능성이 높다'는 진단을 제시할 수 있다. 팀 리더는 이를 바탕으로 역할 분장과 소통 방식을 조정할 수 있다.

벨빈 팀 역할 모델은 단순한 성격 검사나 조직 놀이가 아니다. 그것은 전략적 협업을 설계하는 프레임이다. 조직은 사람으로 구성되어 있고, 전략은 그들이 실행한다. AI는 그들이 어떤 역할을 수행하고 있으며, 어떤 조합이 효과적인지를 정밀하게 파악하게 해 주는 도구다. 벨빈은 그 퍼즐을 맞추는 데 필요한 핵심 조각이다.

생성형 AI와 조직 진단: 문화를 읽고 구조를 바꾸는 새로운 방법

조직은 종종 숫자로 설명된다. 인원수, 매출, 이직률, 생산성 같은 지표들이 판단 기준이 된다. 하지만 이런 수치는 조직의 '겉모습'일 뿐이다. 진짜 건강은 말, 행동, 신뢰, 긴장, 암묵적 규칙 같은 '보이지 않는 구조'에 숨어 있다. 전략이 뿌리내리지 못하는 이유도 여기에 있다. 조직은 겉이 아니라 속에서 무너진다. 그래서 진단은 문화와 구조를 동시에 읽어야 한다. 그리고 이제 그 작업을 더 빠르고, 깊게 도와줄 수 있는 도구가 생겼다. 바로 생성형 AI다.

조직 진단은 크게 두 영역으로 나뉜다. 하나는 직무 설계, 의사 결정 방식, 정보 흐름, 책임 분장 같은 '구조'다. 다른 하나는 사람들이 실제로 어떻게 일하고, 어떤 말을 자주 하며, 무엇을 두려워하는지를 읽는 '문화'다. 전자는 정량적 진단이 가능하지만, 후자는 설문이나 인터뷰로도 명확히 드러나지 않는다. 신뢰 수준, 관리자에 대한 거리감, 변화 피로감 같은 요소는 숫자로 설명하기 어렵다.

이제 생성형 AI는 이런 비정형 데이터를 읽어 내는 도구로 활용된다. 이메일, 회의록, 피드백 문서를 수천 건 분석해 키워드, 감정 톤, 불만 유형 등을 추출한다. 예컨대 AI가 "최근 3개월간 회의록에 '불확실성', '지연', '반복 작성'이라는 단어가 급증했다"는 분석을 내놓는다면, '실행과 피드백 간 마찰'이라는 구조적 문제를 진단할 수 있다(Jay, 2024).

또한 AI는 조직도와 의사 결정 체계, 부서 간 상호작용을 시각화하고 병목 지점을 자동 식별한다. 예컨대 마케팅 팀과 제품 팀 간 정보 전달이 지연되고 있다는 감각이 있을 때, 메시지 빈도, 협업 문서 히스토리, 피드백 반영 주기를 분석해 실제 단절 지점을 보여 줄 수 있다. 이는 관리자에게 구조적 원인이 무엇인지 제시한다.

AI는 진단을 넘어 변화 방향도 제안할 수 있다. "수평 커뮤니케이션을 강화하려면 어떤 제도적 조정이 필요한가?"라는 질문에, AI는 직무 회전, 목표 및 핵심성과(OKR, Objectives and Key Resesults) 공개, 피어 피드백 시스템(Peer Feedback System), 타운 홀 미팅(Town Hall Meeting) 등을 제시한다. 위스콘신 대학교 매디슨(UW-Madison)은 이러한 기능을 "조직의 디지털 트윈을 설계하는 기반"이라 부른다(UW-Madison CPED, 2023). AI는 구조를 가상으로 재구성하고 시뮬레이션을 통해 전략적 대안을 실험할 수 있게 한다.

무엇보다 AI는 진단의 '지속성'을 가능하게 한다. 예전에는 연간 설문과 인터뷰로 진단했지만, 이제는 매일 쌓이는 상호작용 로그와 피드백 데이터를 분석해 조직의 온도를 감지할 수 있다. 이는 리스크 조기 탐지뿐 아니라, 변화 타이밍 포착에도 유용하다. "왜 요즘 회의에서 아이디어가 안 나올까?", "왜 이직이 잦아졌을까?" 같은 질문에 대한 실마리를 AI가 제시한다.

물론 AI가 모든 것을 해석할 수는 없다. 조직 문화는 맥락이고 감정이다. 하지만 진단은 통찰이 아니라 구조로 시작해야 한다. 문제를 파악하지 못한 채 문화를 바꾸려는 시도는 방향 없는 열정일 뿐이다. AI는 이 구조화를 빠르고 정교하게 만들어 준다. 그리고 그 구조 위에 전략가는 맥락을 입히고 감정을 읽어야 한다. AI는 조직의 거울이고, 전략가는 해석자다. 함께할 때 진짜 변화가 시작된다.

참고문헌

Belbin(n.d.). Co-operation with Belbin at Alibaba.

https://www.belbin.com/resources/case-studies/using-belbin-in-alibaba

Belbin North America(2023). Building high-performing teams with belbin.
https://belbinnorthamerica.com/building-high-performing-teams-with-belbin/

ClickUp(2023). Best AI prompts for McKinsey 7S model analysis.
https://clickup.com/ai/prompts/mckinsey-7s-model-analysis

Jay, S.(2024). Generative AI in HR: Examples & how to start using AI. AIHR.
https://www.aihr.com/blog/generative-ai-in-hr/

The Strategy Institute(2024). The McKinsey 7-S model for organizational alignment and success."
https://www.thestrategyinstitute.org/insights/the-mckinsey-7-s-model-for-organizational-alignment-and-success

UW-Madison CPED(2023). Three strategic ways to use generative AI for business strategy.
https://blog.uwcped.org/three-strategic-ways-to-use-generative-ai-for-business-strategy/

09
성과 측정과 실행 정렬의 전략적 시스템화

전략은 실행되어야만 의미가 있다. 그러나 실행의 진척과 효과를 측정하지 않으면 전략은 선언에 그친다. KPI, BSC는 전략 목표를 실행 지표로 전환하고, 그 달성도를 추적하는 대표 성과 관리 도구들이다. 생성형 AI는 이 지표들의 설계와 정렬, 실시간 분석을 지원하며, 전략의 실행력을 높이고 변화에 민첩하게 대응할 수 있는 성과 관리 시스템 구현을 돕는다.

AI와 화장품?

KPI 설계: 전략 실행을 측정 가능하게 만드는 기술

전략은 방향이고, 핵심성과지표(KPI, Key Performance Indicator)는 속도계다. 아무리 훌륭한 전략이라도 실행 여부를 측정할 수 없다면 선언으로 끝난다. 반대로 KPI만 나열된 상황에선 어디를 향해 가는지도 모른 채 숫자만 추적하는 오류에 빠지기 쉽다. KPI는 전략과 실행 사이를 연결하는 도구다. 이 장에서는 좋은 KPI란 무엇이며, 어떻게 전략 실행과 정렬될 수 있는지를 살펴본다.

좋은 KPI를 구성하는 몇 가지 조건이 있다. 첫째, 전략적 목표와의 연결성이다. KPI는 단순히 '측정 가능한 수치'가 아니라, 상위 전략 목표에 기여해야 한다. 예컨대 목표가 '고객 만족도 향상'이라면, 고객 지원 팀의 KPI는 '1차 문의 해결률'처럼 그 목표에 직접 영향을 주는 지표여야 한다(KPI Institute, n.d.).

둘째, 실행 가능성과 명확성이다. KPI는 기준과 데이터 출처가 명확하고, 수치를 보고 어떤 행동을 해야 할지 판단할 수 있어야 한다. 단순한 '조회수', '팔로워 수' 같은 허영 지표는 전략적 행동을 유도하지 못한다. 좋은 KPI는 구성원이 '무엇을 바꿔야 할지' 알 수 있게 한다(O'Reilly, 2021).

셋째, 조직 전체의 계단식 정렬(cascading)이다. KPI는 전사 전략에서 시작해, 부서 → 팀 → 개인으로 연결되어야 한다. 예를 들어 전략이 '고객 충성도 강화'라면, 마케팅은 '우수 리드 생성률', 고객 센터는 '재문의율 감소', 물류 팀은 '정시 배송률' 등을 KPI로 설정할 수 있다(Balanced Scorecard Institute, n.d.).

이때 유의할 점은 KPI를 상위 목표에서 그대로 가져오기보다, 각 단위가 직접 영향력을 가질 수 있는 '성과 동인(driver metric)' 중심으로 설계해야 한다. 예컨대 '고객 충성도'는 후행 지표지만, 마케팅의 우수 리드 비율이나 운영 팀의 정시 출고율은 선행 지표가 될 수 있다(Barr, 2021). 이렇게 각 단위가 통제 가능한 지표를 가질 때 KPI는 행동의 기준이 된다.

선행 지표와 후행 지표의 균형도 중요하다. 선행 지표는 미래 결과를 예측하게 해 주고, 후행 지표는 이미 일어난 결과를 보여 준다. 예를 들어 '분기별 매출'은 후행 지표, '신규 고객 문의 수'는 선행 지표다. 이 둘을 조합하면 미래를 준비하며 현재를 평가할 수 있다(KPI Institute, n.d.).

많은 조직이 KPI를 지나치게 많이 설정한다. 그러나 KPI는 적을수록 좋다. 핵심 성과 지표라는 이름 그대로,

목표에 진짜 영향을 주는 소수의 지표를 설정하고 주기적으로 점검해야 한다. 단순히 수치를 모니터링하는 것이 아니라, 수치를 바탕으로 의사 결정과 실행을 조정해야 KPI가 전략 도구로 작동한다.

마지막으로 KPI는 문화다. '무엇을 측정하는가'는 곧 '무엇을 중요하게 여기는가'를 드러낸다. KPI가 숫자 관리가 아닌 전략의 기준이 되려면, 단순한 데이터가 아닌 '의미 있는 약속'이어야 한다. KPI는 전략을 잊지 않게 만드는 기억 장치이며, 행동을 일관되게 만드는 나침반이다. 그리고 그 나침반은 전략가가 방향을 제대로 설정할 때만 의미가 있다.

균형성과표의 전략적 활용: 성과 관리의 통합적 설계와 AI의 결합

조직은 전략을 수립하고 실행하지만, 성과를 어떻게 측정하고 관리하느냐에 따라 전략의 실제 효과는 달라진다. 단기 매출이나 비용 절감 같은 재무 지표만으로는 전략이 제대로 작동하고 있는지 확인할 수 없다. 전략적 성과 관리를 위한 대표적 프레임워크 중 하나가 균형성과표(BSC, Balanced Scorecard)다. BSC는 단순한 숫자 수집이 아니라, 전략을 다각도로 추적하고 조정할 수 있는 구조적 도구다(Kaplan & Norton, 1996).

BSC는 전략 목표를 네 가지 관점에서 분해한다. 재무(Financial), 고객(Customer), 내부 프로세스(Internal Process), 학습과 성장(Learning & Growth). 예컨대 '시장 점유율 확대'라는 전략 목표 아래, 재무 관점에서는 '매출 증가율', 고객 관점에서는 '고객 확보 비용', 내부 프로세스에서는 '신제품 개발 주기 단축', 학습과 성장에서는 '연구 개발(R&D) 인력 교육 시간' 등의 KPI가 설정된다. 이 네 축은 서로 연결되어 있으며, 전략 실행이 단지 결과가 아니라 과정이라는 점을 강조한다.

균형성과표의 핵심은 인과 관계다. 교육을 강화하면 프로세스가 개선되고, 이는 고객 만족과 재무 성과로 이어진다. 이 흐름을 전략 지도(Strategy Map)로 시각화함으로써, 조직은 전략 실행의 논리를 공유하고 실행 단계에서 무엇이 잘되고 있으며, 무엇이 어긋나는지를 조기에 파악할 수 있다(Balanced Scorecard Institute, n.d.).

여기에 생성형 AI가 결합하면 성과 관리는 정적인 계획이 아닌, 동적인 운영 체계로 진화한다. AI는 각 관점의 KPI 데이터를 자동 수집하고, 예측 분석을 통해 특정 지표의 하락 가능성을 사전에 경고해 준다. 예컨대 '신제품 개발 주기'가 길어지고 있다는 신호를 감지하면, 프로세스 개선이 필요하다는 분석과 유사 기업 사례를 함께 제시할 수 있다(Intrafocus, 2024).

또한 AI는 KPI 간의 연관성을 분석한다. 예컨대 '직원 교육 시간'과 '신제품 성공률', '고객 이탈률'과 '서비스 응답 시간' 간의 상관관계를 수치화하거나 시각화해 보여 준다. 이를 통해 전략 지도의 가정을 검증하고 실행 흐름을 조정할 수 있다. MIT 슬론(MIT Sloan)은 이를 '전략의 실시간 모니터링'이라 부르며, AI가 KPI 간 인과 해석과 조기 개입을 가능하게 한다고 평가했다(Kiron et al., 2024).

AI는 보고서 작성도 자동화한다. 매 분기 작성하던 성과 요약 보고서를 AI가 자동으로 구성하고, 하이라이트와 이상 수치 표시로 실무자의 부담을 줄여 준다. 트리스켈(Triskell), 클리어포인트(ClearPoint), 베러웍스(Betterworks) 등 전략 관리 소프트웨어는 이미 생성형 AI를 통합해 자동 리포트 기능을 강화하고 있다. 이는 경영진이 실행 현황을 빠르게 파악하고, 조기에 조치를 취할 수 있게 한다.

무엇보다 생성형 AI는 전략 지도를 '시뮬레이션'할 수 있게 해 준다. 특정 KPI가 목표에 도달하지 못할 경우, 전체 전략 흐름에 어떤 영향이 있을지, 어떤 부서가 어떤 조정을 해야 할지를 미리 분석하고 제안한다. 이는 전략 수립에서 멈추지 않고, 실행 중 조정 가능한 구조로 바꾸어 준다.

균형성과표는 전략적 사고의 언어이고, 생성형 AI는 그 사고를 실행 가능한 시스템으로 바꾸는 번역기다. 전략은 이제 계획이 아니라 운영이 되어야 하고, 성과 관리는 연례 점검이 아니라 일상적 조율이 되어야 한다. AI는 그 조율을 가능하게 하는 기술이다. 균형성과표가 전략의 지도를 그린다면, AI는 그 지도 위 길을 안내해 주는 내비게이션이다.

참고문헌

Balanced Scorecard Institute.(n.d.). Balanced scorecard basics. https://balancedscorecard.org/bsc-basics-overview/

Barr, S.(2021). Four keys to cascading company KPIs to individuals. https://www.staceybarr.com/measure-up/four-keys-to-cascading-company-kpis-to-individuals/

Castro, F.(2025). Shared OKRs: The "secret" weapon to breaking down silos. https://members.outcomeedge.com/p/shared-okrs

Doerr, J.(2018). *Measure what matters*. Portfolio.

Gothelf, J.(2023). Scaling OKRs, part 1: strategy is the foundation.

https://jeffgothelf.com/blog/scaling-okrs-part-1-strategy-is-the-foundation/

Intrafocus(2024). The impact of AI on the balanced scorecard. https://www.intrafocus.com/2024/06/the-impact-of-ai-on-the-balanced-scorecard/

Kaplan, R. S. & Norton, D. P.(1996). *The balanced scorecard: Translating strategy into action.* Harvard Business School Press.

Kiron, D., et al.(2024). The future of strategic measurement: Enhancing KPIs with AI." MIT Sloan Management Review. https://sloanreview.mit.edu/projects/the-future-of-strategic-measurement-enhancing-kpis-with-ai/

KPI Institute(n.d.). What is a key performance indicator (KPI)? http://kpi.org/KPI-Basics

McKinsey & Company(2022). Building a "digital operating rhythm" with OKR software. https://www.mckinsey.com/industries/technology-media-and-telecommunications/our-insights/building-a-digital-operating-rhythm-with-okr-software

O'Reilly, S.(2021). How to choose the right KPIs for your business. Spider Strategies Blog. https://www.spiderstrategies.com/blog/how-to-choose-the-right-kpis-for-your-business/

O'Reilly Media(2021.4.19). AI Adoption in the Enterprise 2021 (Research report by M. Loukides). O'Reilly Media. https://www.oreilly.com/radar/ai-adoption-in-the-enterprise-2021/

Sull, D.(2018). John Doerr on OKRs and Measuring What Matters. MIT Sloan Management Review.

https://sloanreview.mit.edu/video/john-doerr-on-okrs-a
nd-measuring-what-matters

10
조직 변화와 지속 가능 전략의 통합 설계

지속 가능한 경쟁력은 변화에 적응하는 능력과 사회적 책임을 함께 수행하는 역량에서 비롯한다. 루윈의 변화 관리 모델과 트리플 보텀 라인(TBL)은 조직 변화와 지속 가능 전략을 구조화하는 핵심 프레임워크다. 생성형 AI는 이 두 프레임워크의 실행력을 높이며, 변화 저항을 예측하고 ESG(Environment, Social, Governance) 데이터를 정리하며, 전략 실행 전 과정을 자동화된 흐름으로 설계할 수 있도록 돕는다.

종교와 AI?

루윈의 변화 관리 모델: 저항을 넘어 실행으로 가는 3단계 전략

변화는 늘 저항을 동반한다. 특히 중견기업이나 공공 기관처럼 체계가 안정적으로 굳어진 조직에서는 새로운 시도에 대한 심리적 저항이 크다. 하지만 변화 없이는 혁신도 없다. 문제는 변화를 '어떻게' 설계하느냐다. 루윈의 변화 관리 모델은 이 질문에 단순하면서도 강력한 구조로 답한다. 바로 해동(Unfreeze)-변화(Change)-재동결(Refreeze)의 3단계 모델이다(Wren, 2024).

첫 번째 단계, '해동'은 현재의 상태를 흔드는 과정이다. 변화의 필요성을 구성원이 납득할 수 있도록 '왜 지금 변화해야 하는가'를 명확히 전달하고, 기존 시스템에 대한 문제의식을 공유해야 한다. 예컨대 외부 규제 변화나 경쟁 심화 같은 데이터를 활용해 현 상태의 지속 불가능성을 설득하는 것이다. 아이비판다(IvyPanda)는 공공기관 사례에서 이 단계를 '위기 의식 형성과 심리적 준비'를 위한 핵심 단계로 본다(IvyPanda, 2023). 이 과정에서는 포럼, 설문, 워크숍 등을 통해 직원 참여를 유도하고, 구성원이 변화 방향 설정에 기여하도록 하는 것이 효과적이다.

두 번째 단계, '변화'는 실제 행동이 바뀌는 구간이다. 새로운 제도나 시스템, 업무 수행 방식이 도입되고, 구성원은 이를 직접 체험하게 된다. 이때 중요한 것은 충분한 지원과 점진적 적용이다. 일괄 도입보다는 시범 운영이나 파일럿 팀을 통해 작은 성공 경험을 축적하고 확산시키는 방식이 더 효과적이다. 구성원 간 상호 학습, 피드백 채널, 문제 해결 지원 체계를 함께 운영하면 변화 스트레스를 줄이고 참여도를 높일 수 있다. 특히 '작지만 확실한 변화(quick wins)'를 설정해 실제 성과를 체감하게 하는 것이 중요하다.

세 번째 단계, '재동결'은 변화가 일상에 정착되는 구간이다. 정책과 프로세스, 평가 체계, 조직 구조 등을 새 방식에 맞춰 정비하고, 구성원이 지속적으로 행동할 수 있도록 제도적 장치를 마련해야 한다. 비엠시(BMC)는 이를 단순 고정이 아니라 '변화의 내재화'라고 표현한다(Raza, 2024). 예컨대 신규 시스템이 정착되었다면 기존 시스템은 완전히 폐쇄하고, 새로운 행동이 성과 지표와 보상 체계에 반영되어야 한다. 그렇지 않으면 조직은 이전 방식으로 회귀한다.

다만 현대 조직에서는 '재동결'이라는 표현이 다소 과격하게 들릴 수 있다. 오늘날 조직은 끊임없이 변화하고 있으며, 완전히 고정된 상태는 오히려 위험할 수 있다. 그래서 최근에는 루윈 모델을 '순환적 변화 관리 모델'로 재해석하는 흐름이 많다. 완전한 고정보다는 일정 기간 유지 후 다시 해동-변화-재동결의 사이클을 반복하면서 점진적으로 적응하는 구조다(Sideways6, 2024).

생성형 AI는 이 변화 관리 모델을 실행하는 실질적인 도구로 작동한다. 예측 분석으로 변화 수용 가능성이 낮은 부서를 식별하고, 내부 설문과 행동 로그를 분석해 저항 패턴을 시각화한다(Moulton, 2023). AI 챗봇은 관련 질문에 24시간 응답하고, 교육 자료를 개인 맞춤형으로 제공해 변화 도입의 불확실성을 낮춘다.

루윈의 변화 관리 모델은 단순한 구조 속에 변화의 심리, 실행, 제도화까지를 담고 있다. 그리고 오늘날 AI는 그 구조를 더 빠르게 실행하고, 더 넓게 감지하며, 더 정밀하게 조율하는 도구로 작동하고 있다. 변화는 사람을 움직여야만 가능하다. 사람을 움직이기 위해서는 설득의 논리와 실행의 구조가 필요하다. 루윈은 그 구조를 제공했고, AI는 그 실행력을 높여 준다.

트리플 보텀 라인: 사회, 환경, 수익의 균형을 위한 지속 가능 전략

기업의 성과는 더 이상 재무제표 하나로 설명되지 않는다. 사회적 책임과 환경적 영향이 주요 경영 과제로 떠오르며, '성과'의 정의도 확장되고 있다. 이 변화의 중심에 있는 개념이 트리플 보텀 라인(TBL, Triple Bottom Line)이다. TBL은 전통적 수익(Profit) 중심의 경영에서 벗어나, 사회(People), 환경(Planet), 수익(Profit)의 세 축을 균형 있게 고려해야 진정한 성과라는 관점을 제시한다(Kenton, 2023).

TBL은 단순한 윤리적 프레임워크가 아닌 전략적 사고의 확장이다. 기업이 고객, 직원, 지역 사회, 환경에 긍정적 영향을 미치면서도 수익을 창출할 수 있다는 가정은 현실로 입증되고 있다. 특히 중견기업이나 공공 기관처럼 지역 사회와 밀접하고 대외 신뢰도가 중요한 조직일수록 TBL을 전략적으로 수용하는 것이 경쟁력 확보로 이어진다. 실무적으로는 사회적 가치와 환경 성과를 명시적 KPI로 설정하고, 성과 평가와 보상에 반영함으로써 '말뿐인 ESG(Environment, Social, Governance)'에서 '실행 중심의 ESG'로 전환해야 한다.

TBL의 첫 번째 축인 'People(사람)'은 직원 복지, 다양성, 지역 사회 기여 등과 연계된다. 예컨대 직원 건강 관리 프로그램이나 청소년 대상 직업 교육 운영은 '사람' 지표의 사례다. 최근에는 직원 순 추천 지수(eNPS)나 조직 건강 지수 등 정량 지표를 활용해 내부 만족도를 측정하고, 이를 경영진 평가 항목에 포함하는 사례도 증가 중이다. 비정부기구(NGO, Non-Governmental Organization)와 협업하거나 커뮤니티 기반 일자리 창출 활동도 효과적인 전략이다.

두 번째 축인 'Planet(지구)'은 탄소 배출 감축, 자원 효율화, 친환경 기술 도입 등을 포함한다. 중견기업은 에너지 효율 개선, 폐기물 감축, 지속 가능한 공급망 설계 등을 통해 환경 성과를 창출할 수 있다. 예컨대 연간 에너지 사용량을 10% 감축하고, 이에 따른 온실가스 감축량을 측정해 보고하는 방식이다. ISO 14001 인증이나 탄소 발자국 계산 도구 활용으로 환경 성과를 구조화하고, 이를 투자자에게 투명하게 공개할 수 있다. ESG 보고 의무화가 확산하면서, AI 기반 자동 보고 도구도 등장해 환경 성과 관리가 점점 더 실시간화하고 있다(World Economic Forum, 2022).

마지막 축인 'Profit(이윤)'은 재무 성과 유지에 그치지 않고, 사회적 · 환경적 성과를 수익과 연결하는 데 초점을 둔다. 지속 가능한 포장재나 공정 무역 제품이 친환경 소비자 매출을 견인하거나, 프리미엄 시장에서 가격 우위를 확보하는 방식이다. ESG 우수 기업은 일반적으로 더 높은 수익성과 투자 유치율, 브랜드 충성도를 보이며, 이는 TBL이 도덕이 아닌 전략임을 보여 주는 증거다 (Beal, 2017).

TBL을 전략에 통합하려면, 첫째 경영 전략 수립 시 사회·환경 목표를 재무 목표와 함께 설정해야 한다. 둘째, 각 부서 KPI에 TBL 지표를 포함해 전략 실행과 성과 관리를 정렬시켜야 한다. 셋째, 지속 가능성과 관련된 성과를 경영진 평가 및 보상과 연동해 책임감을 강화해야 한다. 넷째, 고객·지역 사회·투자자와의 소통을 통해 신뢰를 확보해야 한다. 이를 위해 중견기업도 GRI(Global Reporting Initiative), SASB(Sustainability Accounting Standards Board), TCFD(Task Force on Climate-related Financial Disclosures) 등의 글로벌 보고 기준을 선택 적용하고, B Corp 인증, ISO 26000 등 외부 평가 제도를 활용할 수 있다.

TBL은 '착한 기업'이 되라는 요구가 아니라, '지속 가능한 경쟁력'을 구축하라는 전략적 지침이다. 중견기업과 공공 기관이 TBL을 경영 중심에 둘 때, 사회적 가치와 재무 성과의 선순환을 실현하며 더 강한 조직으로 거듭날 수 있다.

생성형 AI와 조직 변화·지속 가능 전략

조직은 끊임없이 변화한다. 기술은 진화하고, 고객은 달라지며, 규제는 복잡해진다. 동시에 사회적 책임과 환경에 대한 감수성도 높아지고 있다. 이런 복합 환경 속에서 전략가는 예전보다 더 많이 예측하고, 더 빨리 실행하며, 더 넓게 설계해야 한다. 문제는 그 모든 일을 동시에 하기엔 인간의 인지와 자원에 한계가 있다는 점이다. 이 한계를 넘도록 도와주는 것이 바로 생성형 AI다. AI는 변화 관리와 지속 가능 전략의 전 과정에서 실질적인 전략 도구로 기능하고 있다.

먼저 변화 관리에서 AI는 예측력을 높인다. 피드백, 커뮤니케이션 패턴, 참여율, 이직률 등의 데이터를 분석해 '저항 가능성이 높은 부서'를 사전에 식별할 수 있다. 이는 조직 전체에 동일한 방식의 변화를 적용하기보다, 저항이 예상되는 부서는 사전 소통과 파일럿 적용으로 충격을 줄이고, 수용 가능성이 높은 팀은 빠르게 확산 전략을 적용할 수 있게 만든다(Moulton, 2023).

AI는 실행의 민첩성도 높인다. 변화 커뮤니케이션을

자동화하고, 반복적인 문의를 챗봇으로 대응하며, 교육 콘텐츠를 개인별로 추천한다. "이번 변화에서 나의 역할은?", "무엇이 바뀌고 어떻게 대응해야 하나?"라는 질문에 AI는 직무나 부서 특성에 맞춘 정보를 제공한다. 에이엠에스(AMS)는 이를 'AI 기반 맞춤형 변화 가이드'라 부르며, 수용 속도와 이해도 향상에 효과적이라고 평가했다(Raynus, 2023).

지속 가능 전략에서도 AI는 큰 역할을 한다. ESG 전략 수립에서 가장 큰 장벽은 관련 데이터의 비정형성이다. 수많은 내부 문서, 리포트, 고객 피드백, 공급망 정보 속에서 의미 있는 ESG 지표를 추출하고 정리하는 일은 시간과 자원이 많이 든다. 그러나 AI는 이 과정을 자동화해, 자원이 부족한 조직에서도 ESG 전략 수립을 가능하게 만든다(WEF, 2022).

특히 AI는 외부 벤치마크 자료와 내부 데이터를 결합해 실행 가능한 ESG 초안을 제안할 수 있다. "동종 업계가 환경성과 개선을 위해 쓴 전략은?"이라는 질문에, AI는 탄소 저감 조치, 폐기물 재활용, 친환경 인증 사례 등을 정리해 제공한다. 이는 전략 회의의 출발점이자, ESG 목표를 공동 설계하는 기반이 된다.

AI는 ESG 목표에 대한 실시간 모니터링도 가능하게

한다. '녹색채권 발행 건수', '친환경 포장 전환율', '다문화 교육 참여율' 같은 ESG KPI를 대시보드로 시각화하고, 이상 징후를 조기에 탐지한다. 이 기능은 단순 보고서를 넘어 전략적 조정과 실행력 확보로 이어진다.

변화 관리와 지속 가능 전략은 모두 장기적이고 복잡한 영역이다. 전략가는 이 두 영역을 동시에 설계하고 실행해야 한다. AI는 정보를 빠르게 수집하고, 가능성을 실험하며, 실행 시나리오를 제안하고, 상황을 실시간으로 추적한다. 그 결과, 전략가는 더 정확하고 중요한 선택을 할 수 있게 된다.

결국 AI는 전략가의 '생각 파트너'다. 복잡한 현실을 정리하고, 반복 가능한 실험을 가능하게 하며, 실행 속도를 높여 준다. 변화 관리와 지속 가능 전략은 이 새로운 도구와 함께할 때 더 정교하고 빠르게 실행되며, 오래 지속된다. 전략은 이제 기술과 함께 쓰는 글쓰기다. AI는 그 초안을 도와주는 조력자이고, 전략가는 그 글의 의미를 완성하는 저자다.

참고문헌

Beal, D., et al.(2017). Total societal impact: A new lens for strategy. BCG.

https://media-publications.bcg.com/BCG-Total-Societal-Impact-Oct-2017.pdf

IvyPanda(2023). Leaders changing public sector organizations. https://ivypanda.com/essays/leaders-changing-public-sector-organizations/

Kenton, W.(2023). Triple Bottom Line (TBL). Investopedia. https://www.investopedia.com/terms/t/triple-bottom-line.asp

Moulton, T.(2023). How artificial intelligence (AI) drives change management. Change Management Review. https://changemanagementreview.com/how-artificial-intelligence-ai-drives-change-management/

Raynus, J.(2023). AI and change management. AMS Consulting. https://amsconsulting.com/articles/ai-and-change-management/

Raza, M.(2024). Lewin's 3 stage model of change explained. BMC Software. https://www.bmc.com/blogs/lewin-three-stage-model-change/

Sideways6(2024). Change management models: Lewin, Kotter and ADKAR compared. https://ideas.sideways6.com/article/change-management-models-compared-lewin-kotter-adkar

World Economic Forum(2022). How harnessing the power of SMEs and mid-sized companies can shape the future of sustainability. https://www.weforum.org/stories/2022/04/smes-future-of-sustainability/

Wren, H.(2024). Top 10 change management models: A

comparison guide. Zendesk.
https://www.zendesk.com/blog/change-management-models/

황충연

대한무역투자진흥공사(KOTRA) 수출전문위원으로 재직 중이며, 중소기업의 해외 진출을 지원하는 실전형 수출 컨설팅을 수행하고 있다. 전남대학교에서 무역을 전공하고 서울대학교 경영대학원 e-MBA를 수료했으며, 한전원자력연료(주)에서 기획팀장과 해외사업개발실장 등을 역임했다. 2018년에는 아랍에미리트(UAE) 원전 수출 유공 대통령 표창을 수상하며 대한민국 원자력 연료 수출 분야에서의 선도적 역할을 인정받았다. 최근에는 생성형 AI를 활용한 수출 컨설팅의 새 지평을 개척하며, AI를 창작 도구로 삼는 AI 작가이자 전략가로 활동 영역을 확장하고 있다. 『챗GPT와 함께 쓴 수출실무 가이드북』(2024), 『AI로 나만의 책 쓰는 법』(2024), 『당신의 AI 수출컨설턴트』(2025) 등 다수의 실용서를 집필했으며, 아마존에서는 『Beyond the pen: The Future of book creation with AI』(2023), 『Salome's Odyssey: Meeting Nietzsche』(2024) 등 총 6권의 저서를 출간했다. AI를 창의적 파트너로 삼는 철학을 바탕으로 생성형 AI 기술의 대중화에 앞장서고 있다. 중소기업이 AI를 통해 글로벌 경쟁력을 갖추도록 돕는 실용적 설루션을 제공하고 있으며, 더 많은 이들이 AI의 가능성을 경험할 수 있도록 지식 공유에도 힘쓰고 있다.